郑友民 著

有意义，有意思

一位班主任父亲的教育札记

浙江大学出版社
ZHEJIANG UNIVERSITY PRESS

班级篇

班级篇

BANJI PIAN

一、 提升个人修养，为有源头活水来

1. 当班主任，好处有很多

西言：

爸爸一直希望你以后能成为一名教师，庆幸的是，你也觉得当一名老师是很有趣的事情。我希望有一天，当你走上讲台后，能像你如今的老师那样，享受着这份工作带来的苦与乐。

当然，你必须知道，其实，当老师并不是一份轻松的工作，尤其是当下大家最不愿意担任的班主任工作，因为他们往往是学校里最苦最累的那批人。爸爸参加工作二十五年来，年年都是班主任，甚至有两年是两个班级的班主任。对于这份工作的辛劳，我深有同感。有一位离开班主任岗位的叔叔曾经和爸爸说过："我发现，班主任和学生的关系，就好比是父母和自己的孩子的关系一样；而任课老师，对于学生的问题，仅仅扮演了亲戚的角色，可以做到心平气和。作为班主任，身处其中，却很难从容淡定。"

但是，你如果真的从事了教师这份职业，那就一定要做班主任！不仅是因为你一辈子都可以和十几岁年龄段的孩子们在一起，永葆爱心和童心；更因为，最能走进学生的心灵深处，最能享受到教育温暖和快乐的往往是班主任，就如现在的你，每天挂在嘴边的往往是班主任李宁老师。而这点，身为班主任的爸爸更是感触颇深，一届一届学生带给爸爸的幸福和温暖，唯有我心自知！

记得有一位家长在她孩子高考结束后发给爸爸的短信是这样说的："郑老师，您是我们公认的最投入、最用心，孩子们最喜欢、最敬佩的班主任。妞妞最舍不得离开的还是您，她感叹这么好的老师很难遇到。因为遇上了您，女儿学会了如何生活、如何做人、如何成就自己和他人，拥有了受用一生的财富。千言万语，也道不尽我的感激之情。您是我们要铭记一辈子的有心老师，辛苦了！"

爸爸不知道，如果不是班主任，是否能给家长留下如此深刻的印象。记得一位学生在大学里寄来的一张明信片是这么鼓励爸爸的："在二中的三年，您陪伴我们成长，见证我们踏实的脚步、斐然的成绩。而我们，油然而生的不仅仅是感谢，还有发自内心的敬意。您是个工作狂，更是我见过最全心全意为学生、为我们这些孩子的人民教师，我想以后我再也不会遇到了。老师，您一定要保重身体！曾经多少次，您说二中那一道道靓丽的风景是我们的晨跑、早读、早操、晚自习……而现在我想说，二中最美的风景是有像您这样投入的老师。"

而和爸爸一起共事的徐金卫伯伯发来的短信内容是这样的："友民，与你共事，辛苦但快乐！你做事有热情、有办法，身先士卒，通情达理，善于听取别人意见，我很欣赏，也很佩服！跟你共事，我很幸运，也很幸福！"

作为一名班主任，还有比来自家长的认可、学生的肯定、同事的鼓励更幸福的事情吗？

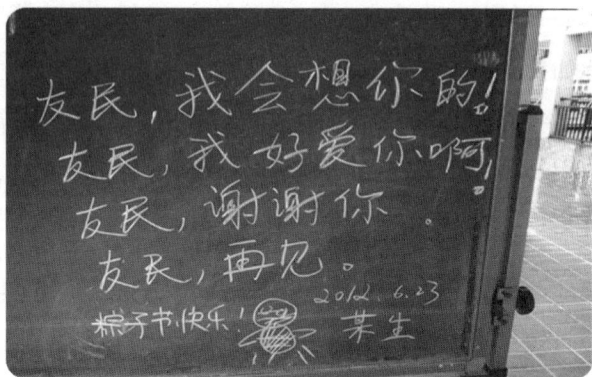

2012 届毕业生在学校教学楼门厅的留言祝福

西言，对于班主任工作，爸爸是这么理解的。每带一届学生，做三年班主任，就好比谈了一场恋爱，结了一次婚。先由学校包办，然后彼此见面。无论是我还是学生，起初都充满期待，期待自己生活在一个让自己幸福令他人羡慕的"家庭"中。然而，随着相处的深入，当真实的你和我出现在对方面前的时候，却发现彼此有那么多的不合，感觉对方并不是自己理想中的那个"恋人"，总是有那么多的不满意。于是，我们闹过别扭，想过分手。但是，日子还是要过啊！想想，也只能凑合着过。于是，我们选择了相互包容、相互欣赏、相互成就，时间久了，日久生情。

当他们毕业时，才发现彼此留下的尽是不舍、感动。而那个暑假，往往是我情感最为脆弱的时候，每每想起三年来的点点滴滴，就会泪流满面。

这个时候，我又在想，下一届孩子还有这样好吗？于是，又开始了一场新的旅程……

西言，如果成为一名老师，你愿意当班主任吗？爸爸期待着！

爱你的爸爸

《班主任》杂志社的全国优秀班主任讲坛

班级篇

2. 当班主任，绰号有内涵

西言：

很多人都对你的名字"西言"以及小名"早早"有点好奇，当我把你妈妈的姓——谭——介绍给他们的时候，引来的往往是一片赞叹声。原来，你的名字源于妈妈的姓呢！

然而，你可知道，你的名字并不是爸爸妈妈取的。2005年3月7日，当你来到这个世界的时候，爸爸正陪伴着2006届高二（1）班的学生。记得那是一个下雪的日子。你的到来让原本工作繁重的爸爸妈妈变得更加手忙脚乱，但同时也让我们收获着为人父母的甜美。为了给你取一个有特点的名字，我们翻遍了《现代汉语词典》，却还是想不出如意的名字。无奈之下，爸爸只好求救于班里的同学。热情的哥哥姐姐们行动开了，最后，他们富有创意地把妈妈的姓——谭字——做了拆分，名字叫西言（依据是爸爸喜欢英语），小名叫早早（理由是你早产一星期）。你说，爸爸的学生们厉害不？

一届又一届的哥哥姐姐毕业之后，他们对你都很关心，或是给你带来笔记本、U盘、钢笔等学习用品；或是从国外给你送来洋娃娃、巧克力、衣服等物品；或是给你寄来明信片，期待你快乐健康地成长……

西言，不仅是你的名字，爸爸的名字也是班里学生给取的，确切地说，那是绰号。

刚参加工作的时候，学生送给爸爸两个"名字"，一个叫"变色龙"，另一个叫"笑面虎"。我得知自己有这样的绰号，是在学生毕业之后。有一位学生曾在"半月谈"里对我说道："这世界变化最快的不是夏日的天气，而是您的脾气。刚刚还是满面笑容的您，顷刻间'乌云密布，电闪雷鸣'。"这是他们根据爸爸做班主任工作的风格而取的，主要是针对我急躁的脾气。还有一位学生曾向班里同学传授他的"秘诀"："郑友民是个十足的'笑面虎'，你们谁被他叫到办公室去，如果挨骂，不一定是坏事；如果他是笑眯眯地请你坐下交流,你可要小心了。他喜欢从你这里得知一些我们内部的事。我上次一不小心就把徐璐和姜许歌之间的事说出去了。"刚开始的时候,我还自鸣得意,想着这样学生就不敢轻举妄动了,但是时间长了,发现这样的班主任工作风格只会让学生敬而远之。

学生郑涵奇为我画的肖像

后来,随着我慢慢地谢了顶,学生为我起了一组非常有创意的绰号,中文叫"昨天,今天,明天",翻译成英文叫"yesterday, today, tomorrow",而谐音则是"是的秃顶,秃顶,脱毛喽"。然而,无论是二中贴吧里的英汉翻译有奖竞猜"You means today."(友民是秃顶。),还是学生为我画的卡通肖像;抑或是部分胆子大的学生路上一声声"友民秃秃好",非但没有让我有任何被羞辱的感觉,反而非常享受师生之间这种"没大没小"的亲密感觉。尤为感动的是在 2009 年的年级迎新晚会上,一则小品《昨天,今天,明天》(即 *Yesterday*,*Today*,*Tomorrow*)引爆了全场。在剧中,扮演主人公的同学操着极为不标准的普通话,说着我经常挂在嘴边的口头禅,模仿着我课堂上的经典口误。这个喜欢和学生恶作剧的形象,惟妙惟肖,令人捧腹不止。这样,我开始有了三个英文名字:"today(秃顶)"

"yesterday（是的秃顶）""tomorrow（脱毛喽）"。有人说，学生敢当面跟你开玩笑，这是对你的喜爱。我也享受着学生为我取的这三个英文名字。也许，善于自嘲算是爸爸的一大优点吧。

爸爸最喜欢的，还是校园里一声声的"友民叔叔"。记得有一次一位市领导来看望儿子，学生看见我就打招呼："友民叔叔好。"当时这位学生就被他爸爸教育引导了一番："没大没小，叔叔是你叫的？应该叫郑老师。"后来，这位家长也语重心长地善意提醒我，学生就是学生，老师就是老师，我们要有师道尊严。后来想想，也不无道理。但我却依然非常喜欢学生如此称呼我。如今的二中校园里，无论是当面碰到我的，还是给爸爸写信的学生都亲切地称爸爸为"友民叔叔"，这让我和他们之间像是拥有了一份亲情的味道，到最后连学校的年轻老师也都叫我"友民叔叔"了。

而最后一个绰号，则是爸爸姓名的谐音，叫"真有名"。这实际上是学生对爸爸的褒奖。爸爸只是希望，若干年之后，一届届学生，都能通过自己的努力，为社会带去他们应有的正能量，让身为老师的我因为学生的优异而收获幸福。到时，爸爸希望自己名字能跟在学生姓名后面，比如："蒋戈帅，真有名！"当然，作为一名班主任，爸爸现在不断告诫自己："友民，友民，不要徒有虚名，要有自知之明。"

其实，爸爸发现，绰号改变的背后，是班主任工作艺术的变化。如今，爸爸不断告诫自己，要心平气和地对待学生，就像在家里，情绪平和地对待你一样。

爱你的爸爸

浙江日报旗下浙里衢州的报道

3. 当班主任，修养有讲究

西言：

当得知你的职业理想是成为一名教师时，爸爸很欣慰，也有个想法，想真诚地和你分享这二十多年来班主任工作生涯中的一些体会，或是经验，或是教训，希望对你今后走上工作岗位有所裨益。

首先，教师工作有其特殊之处，它让爸爸充分感受到自己所从事的不仅仅是一份职业，更是一种事业。教师工作的意义，很大程度上是面向未来的。我们今天种下什么样的种子，以后就会开出什么样的花，结出什么样的果实，今天所做的一切也许要在十年、二十年之后才能体现出它的价值，学生有可能把我们教的学科知识早就忘掉了，然而我们教给学生的关于做人做事的基本原则和态度，却会长久地留在学生的记忆中。教育是"慢"的事业，它的特征是"慢"。

知名特级教师王栋生老师呼吁，教育就是要慢，跟种树种庄稼一样，首先不要误了农时，然后在每个季节做应该做的事。教师没有必要也不可能把学生一生要做的事全搬到中学阶段来完成。王老师的观点也印证了爸爸对教育的急功近利是不对的。记得带 2015 届，就是陈孟凡姐姐在的那一届，高一那学期我和学生闹了诸多不愉快。只因为当初总是埋怨他们，希望有一种类似生长激素一样的东西让他们尽快地接受和改变，而其实正是我忘记了教育的规律是"慢"，必须遵守，不能绕过去；我还忘记了好的教育除了智慧还需要耐心。教师工作因服务对象而特殊，任何一种职业的特殊性，取决于它的工作对象的特殊性，教师职业的特殊之处就在于它是以育人为根本宗旨的职业。而且，它的工作对象不是成人，而是未成年人，是成长中的人。有时，爸爸在反思自己诸多失败的教育场景时，发现自己原来总是试图把教育当作生产线，以为可以铸造出一模一样的产品，而忽略了教育其实是一门与一个个像你这样正在成长中的鲜活生命相处的艺术，是一份特殊的职业。

其次，别像爸爸一样，让自己成为一名要求学生读书而自己却不读书的老师。有一次，一个毕业的学生问我："老师，您现在上课举的还是那个例子，讲的还是那些故事吗？"是啊，优秀的教师应当是一盏明灯，只有我们不断地充电，才能一直照耀学生前行之路，如今我面对学生，如果离开了教辅资料和课件，我能教好书吗？如果取消高考，我还上得了课吗？如今的我深深地意识到"教学，为了更好地'教'，我们必须不断地'学'"，所以我们需要不断加强学习和阅读。庆幸的是，在学生的督促下，我也开始了我的阅读之路，虽然醒悟晚了一点，但依然不迟。

再次，别让学生回忆起的都是我们的不好。爸爸至今依然保存着一位叫朱苏仪的学生写给我的信，当我看了之后，说不难过是假的，但更重要的是这封信促使我改变自己。记得在一次毕业聚会上，几位同学说起自己初中某学科老师时，是满脸的不屑乃至愤怒。一位教师看重什么会影响学生的看法，以什么样的姿态站上讲台，会给学生留下什么样的记忆。

还有，别让学生除了分数什么都不关心。在爸爸的班级里也有同学刚开始很不适应我的带班风格，认为来学校就是为了学习，为了高考，哪有这么多无聊的活动？比如，在我们班里不仅要求每天做到"健康五个一"（一瓶水、一盒奶、一个水果、一个荤菜、一刻运动），每周还有"班会活动五个一"（一元微公益行动、一次"感动就在身边"颁奖、一篇美文欣赏、一首好歌赏唱、一次才艺展示），学期结束还有"假期社会实践五个一"（当一次家庭财务主管、开展一次职业体验、做一次公益活动、找一名二中校友、写一篇好书读后感）。我只好向学生解释，没有分数就没有今天，但光有分数就没有明天。我希望我不仅为学生考虑三年，更要考虑三十年，让他们既有今天又有明天。

最后，千万别打着爱的旗号伤害学生。生活中，爸爸常常和学生说：

"我是你们的班主任,一切都是为你们好。"但恰恰是我这样所谓爱学生的老师,经常不顾教育教学规律在伤害着学生,不断重复着一些无效的工作,让他们有做不完的作业、抄不完的单词、背不完的课文。有时,我也在扪心自问,我做学生时,难道需要老师这样一厢情愿的爱吗?

西言,真心祝愿你不必像爸爸这样,希望你能少走弯路,在教育的路上健康成长。

爱你的爸爸

附:朱苏仪的来信

老师:

您好! 高一刚开学时,甚至整个高一上学期,我都十分难过焦虑。刚开始我不适应新环境也不适应您,那真的是段痛苦的日子。老师,不知道您还记不记得去年的元旦晚会,我觉得那次是您伤同学心最深的一次,比您刚开学大发雷霆还令人难过。当然是我们有错,打扫太慢,但您实在不应该在那天拉下脸。您应该知道欢欢喜喜的孩子被训斥后的感觉,就像鲁迅的《五猖会》里写的一样。更让我们难过的是同学们准备抛开情绪狂欢时,却因为有家长到场,让文艺部的人临时删了很多我们喜欢的却可能让长辈觉得不太好的内容,临时加了家长讲话。其实我们一点也不喜欢这个环节。我们不要煽情不要矫情,只想跟其他班一样,老师自觉回避,然后让学生自己好好玩。这件事情我说得这么详细是真的因为印象深刻,因为好多人在那天晚会上哭了。其实,很多事情老师您只需站在您的女儿立场上想想就可以了,我们虽然比她大很多,但却是一样的心思。可能您觉得自己缺席了我们的班会课和元旦晚会会很可惜,但我们关于您的回忆绝不会减少半分。

其实我很怕很怕很怕您,要不要写这封邮件我纠结了半个月吧,都为此失眠了好几个晚上。但又怕自己一些事情不和您沟通,自己会惧怕开学,不能更好地融入班级。其实班里还是有很多人怕您的,您的眼神真的太毒辣了，可能这和很少人提意见有关吧。我猜测！这次写邮件是我和一个好朋友聊天时她鼓励我的，我很感谢她。这封邮件发出之时就是我朱苏仪更加坚强，性格更加健全，面对"恶势力"更勇敢之时！

朱苏仪

2013 年 8 月 28 日

衢高来了一个不寻常的班主任

4. 当班主任，批评有技巧

西言：

无论是班主任工作中对学生的教育方式，还是家庭教育中对你的态度，爸爸都犯了很多错误。如果说，和你的朝夕相处，我随时还有弥补的机会，而之前我给一届又一届学生带来的伤害，可能成为永远的遗憾了。我犯下的这些错误，请你千万别学。

别人提醒才去表扬。有位姐姐在"半月谈"里和爸爸这样说道："有那么一段时间，我天天盼望着您能好好地表扬我的进步，但是您一直没有这么做，直到上次我的好朋友提醒您，您才来找我，可惜，现在的我，好像已经不再像当初那么在乎了。"当我的学生在某些方面理应得到我的鼓励和赏识的时候，我却视而不见，可想而知，她的心情是灰暗的，即使后来，我真诚地表达了自己的赏识之情，效果已是减半。可见，表扬贵在及时。

自己一生气就开始说教。有个学生说："友民，我想和您提个醒，能否在班里少发火，特别是，不要因为个别同学身上的问题牵涉全班同学，我们很无辜啊。"是啊，学生一犯点错误，就迫不及待到教室大吼大叫，全班同学都成为我的出气筒，有必要吗？曾经看过这么一段话："可能很多父母都和我一样，见到孩子做错一点事，就很激动，迫切地想要孩子改。结果，因为太激动，总是控制不了自己的情绪，总把事情无限放大，不但把自己气得够呛，也伤了孩子的自尊心，甚至让孩子越来越叛逆，越来越喜欢和父母作对。如果你是这样的父母，不妨和我一样，无论孩子做错了什么，无论你当时多么火气冲天，都不要立即发作，而是晚一天再教育。晚一天，你的火气消了，能够更加理性地看待问题，晚一天，那件'错事'对孩子的影响也降到最低，不会让他太敏感，这时候再教育，你能找到好的切入点，孩子也能听得进去。既不会影响父母和孩子之间的感情，也能起到事半功倍的教育效果，何乐而不为呢？"教育孩子如此，陪伴学生何尝不是？

经常当众批评教育。有很长一段时间，爸爸喜欢在公开场合当众批评某一位学生，还在同事面前美其名曰"杀鸡给猴看"。殊不知，这种不注意场合，不顾其颜面，不尊重学生人格的事情，导致的不仅是当事学生的反感，还让全班同学都对我这种不分场合地刺伤学生自尊心的做法嗤之以鼻。我忘记了苏霍姆林斯基所强调的"在影响学生的内心世界时，不应该挫伤他们心灵中最敏感的一个角落——人的自尊心"。的确，无论是老师，还是学生，人人都要面子，即使是最调皮的学生也不愿在众目睽睽之下受到别人的批评。庆幸，我及时改正，做到公开表扬和私下批评。这便是我现在的做法。

经常进行消极教育。科学研究认为，人是唯一能接受暗示的动物，积极的暗示，会对人的情绪和生理状态产生积极的影响，激发人的内在潜能，使人进取，催人奋进。身为老师的我，往往看到的是学生身上的不足和班级建设中的问题，动不动数落着种种不是，为学生描绘的不是美好的愿景，而是无法实现理想之后的不良后果。

所有交流都成教育。曾经爸爸很纳闷，因为一位学生每次老远看见我就要绕道走，然而平时我是非常关心她的学习生活的，经常对她嘘寒问暖，当我就这个困惑和她交流时，才知道原来问题出在我身上。因为爸爸每次和她交流的内容，特别是关于学习方面的，给她带来了很大压力，而不是我所想象的精神动力。她希望我不要把所有的交流都变成教育。

简单对比进行教育。有一次，一位学生在"半月谈"里这样写道："老师，您这样喜欢隔壁班级，讨厌我们，建议您到学校里去要求一下，当他们班的班主任好了，反正在您眼里，我们是一文不值的。"这段让我汗颜的文字同样引发我的反思，原本，我的初衷是希望给学生树立榜样，以此激励他们奋发进取，但是"榜样"教育在学生身上激起的却是愤怒，而不是动力，应验了家庭教育中的一句话，"有一种伤害，叫作看看人家的孩子"。

数罪并罚频翻旧账。一位学生在我批评他的时候突然情绪爆发，哭着喊道："每次您都把那些陈年老账翻出来骂我,生怕我忘掉,您烦不烦,难道您小时候没有犯过错吗?"一阵抢白还真的是教育了爸爸,也让爸爸明白,老师翻旧账,无非是想提醒学生"你曾经犯过错",并以此告诫学生"你应该听我的话",然而结果事与愿违,学生变得越来越不听话,甚至根本就不想听老师说话,师生关系进入冰河期。爸爸这种翻旧账的做法,其实很容易使学生从犯错误时的内疚心理转变成逆反心理。每一次翻旧账,都是一次对学生的负面暗示,一而再再而三,学生开始觉得无论怎么努力,曾经的污点都无法抹去,自己不断犯错,错误不断累积,老师永远也不会满意,自己越来越一无是处……于是自暴自弃,和老师内心真正的期待背道而驰。

西言,爸爸犯下的错误,有些至今都没有改正,希望你别学我的坏习惯。

爱你的爸爸

5. 当班主任，眼中有个体

西言：

有一件尴尬的事，你想听吗？

一次走在街上，我遇到了以前班里的学生，当我走上前准备和她打招呼的时候，却发现她把头扭向一边对我视而不见，并快步离开了。而当时，我确信她肯定看见了我。相信你能想到那时我失落的心情。后来在一次与学生们聚会时无意间说起，让我找到了问题背后的症结，那就是我对她的"歧视"，而我，竟然没有意识到自己的错误。

常理来说，什么样的学生可能会受到老师不公平待遇呢？网上有人曾经列举了最不受老师欢迎的几类学生，比如爱招惹是非的，调皮捣乱活泼过度的；成绩差却又不学的；一上课就睡觉的；穿着打扮不像学生样的；家境不好却胡乱花钱的；经常迟到的；对老师满不在乎的；家长爱到学校扯皮的……这样的学生的确容易让老师窝火，但我个人感觉也不一定是让老师讨厌的，关键是这位学生根本不属于以上描述的任何一种状况。她具备一位学生应该具备的几乎所有基本素质，是老师眼里放心的好学生，从不担心她会不努力进取学习，就是学习成绩处在中游，也是比上不足比下有余。偏偏，问题就出在这里，这样的学生恰恰是被我们班主任所忽视的群体。班级管理中，我们的一般做法是："抓两头，促中间。"意思是抓好优等生，管好后进生，中等生群体自然就好了，而实际上情况并非如此。心理学家赫洛克曾做过一个实验，他把被试对象分成四个组，在四种不同诱因的情况下完成任务。第一组为表扬组，每次工作后予以表扬和鼓励；第二组为受训组，每次工作后予以训斥；第三组为忽视组，不予评价只让其静听其他两组受表扬和挨批评；第四组为控制组，让他们与前三组隔离，不予任何评价。结果工作成绩是前三组均优于控制组，表扬组和训斥组明显优于忽视组，而表扬组的成绩不断上升。这个实验表明：及时对工作结果进行评价,能强化工作动机,对工作起促进作用,适当表扬的效果明显优于批评,而批评的效果比不予任何评价的好。怪不得曾有学生在"半月谈"里说:"老师,请不要无视我的存在,我不是空气,哪怕是您骂我一顿,我都愿意,至少说明您还重视我。"

和2018届高一(3)班徐晟景在一起

李希贵老师在《面向个体的教育》一书中强调的一个观点,无疑是对我的有力鞭策。他说:"在原始森林里穿行,我们很容易被大自然的造化震撼,可是,当我们走出森林,让我们描述每一棵树的样子时,却常常语焉不详,因为我们心不在树木,满目不过一个壮阔的林子罢了。所谓'不见树木,只见森林',也同样被我们的传统教育习以为常。然而,校园不比森林,我们没有权利通过竞争淘汰那些生而平等的孩子,我们的职业操守不允许我们只会欣赏松涛、呵护白桦。于是,如何造就一种新的学校生态,让百花争艳、百舸争流,让乌龟和兔子各显风流,发现每棵树的生存需求和生存价值,就成为校园里的重大挑战。"

都说爱哭爱闹的孩子有糖吃,看来,在班级管理中,更需要关注那些"不哭不闹"的学生,主动沟通,倾听诉求,让教育面向每一位个体。

西言,班主任工作,可不是那么好做的哦。

爱你的爸爸

班级篇

6. 当班主任，关爱有底线

西言：

　　每次爸爸做问卷调查，问学生"我喜欢什么样的班主任"，有一项数据一直在前三名，你猜是什么？等你看完爸爸的这个故事，你就一定会明白。

　　2012届（3）班，高二文理分班后，班级重新进行了调整，读理科的同学离开了三班，读文科的同学加盟了三班，其中从六班来的一位黄同学在我家访的时候就给我留下了深刻的第一印象。经过交流，我发现该同学不仅好学，而且成绩也优秀，尤其是数学和英语。一个学期下来，作为数学课代表的她赢得了全班同学的交口称赞和数学老师的高度认可。而作为班主任的我也是对她欣赏有加，不仅仅是因为她年级第一的学习成绩，而且也缘于她谦逊的为人，非常认真负责的课代表工作，更可贵的是她身上所散发的青春活力带动了三班。羽毛球赛，她是种子选手之一；年级晚会，她组织同学进行街舞表演；运动会上，她也是短跑健将——她就是我们老师眼中的"德智体美劳"全面发展的好学生。我也在庆幸，班里拥有这样一位标杆性人物。她静得下心，吃得起苦，她的学习习惯也感染着全班同学，引领三班在学习成绩上跻身年级第一。

　　事情在高二下学期的开学初发生了转变，一向健康的她突然染上了急性黄疸肝炎。由于医院治疗方案的问题，原本一至两周就可以回校学习的她病情急剧恶化，在医院住院治疗了两个月才出院。出院后的她从原来的一百多斤瘦到只有八十来斤。她虽然回班上课，但体质康复受到明显影响，在这个过程中，一直信奉"人需要鼓励"的我和班里同学付出了极大的努力去关心和鼓励她，同学们每周分批去医院看望她，每天给她发短信打电话；学习小组成员每天用录音笔录下老师上课内容，用 U 盘拷下老师上课的课件给她送去，而我也经常去看望她。在后阶段，我带上书本和电脑去医院病房为她补课，其他学科老师也在她出院后纷纷为她补课，让黄同学深深感受到了三班的团结和温暖。但虚弱的身体最终还是让她未能坚持下来，她在和父母多次商量之后，还是选择了休学，并写了一封信给我，虽然我已有思想准备，但是还是觉得非常难过，为此，我写了一封信给三班的孩子们，以此表达我的惋惜，也希望借此让同学们更加团结。

但是，在之后的师生"半月谈"里，一位学生的话语让爸爸陷入了反思："老师，黄同学的离开其实我们也很难过，但大家在私底下交流，是不是因为她学习成绩优秀，所以才让你这么关心她，又这么伤心；而学习较为吃力的郑同学选择出国，我们没发现你这么难过啊？如果换作是我因病休学，你会这样吗？"

爸爸发现，在整个过程中，我忽略了班里同学的感受，让他们觉得受到了一种不公平的待遇。我们总是在潜意识中对那些学习成绩好的学生倾注了更多的关爱。在学生对班主任的期待和要求中，公平和尊重一直应该是放在第一位的。

爸爸在反省自己作为班主任最起码的职业道德要求，也尝试弥补这件事给他们带来的伤害。之后，我们组织了一个班会，在班会上，我深情地和全班同学谈了自己的几点切身感受，以寻求同学们的理解。其中，我谈到，"虽然郑同学出国了，黄同学休学了，但我依然还有五十个孩子，我会好好珍惜，最后一年里，我会全力以赴、全心全意地和你们一起，作为班主任，我最大的财富就是你们！这件事情让我感受到了你们身上的那份真诚、朴实。每位同学对他人的关心和帮助，践行着'人是需要鼓励的，爱是需要表达的'理念，这只能让三班变得更团结，更温暖，相信大家会非常珍惜，同学三年或两年的这份缘分，让自己成为你身边同学的加油站！这也让我明白，在场的每一位同学，你们都有理由成为我特别珍爱的对象，我倍加珍惜我们三班这个团队，这个充满人情味、凝聚力和进取心的大家庭。"

如何做学生眼中公平的好班主任？爸爸一直在反思并努力着！

爱你的爸爸

7. 当班主任，教学水平有要求

西言：

在二十多年的教育生涯中，爸爸发现了一个有趣的现象：教学业务精湛的老师，不一定能成为优秀的班主任；而出色的班主任，绝大多数是教学水平不错的老师。可见，班主任的权威，离不开他的教学水平。所谓"亲其师信其道"，当好班主任，首先要立足课堂，站稳讲台。

正因为如此，爸爸从不敢怠慢一节课，希望自己的政治课能成为学生喜爱的课堂。无论是备课，还是上课，抑或是作业，我都会认真对待。我一直以为，一位好老师就应该像妈妈为你烧菜一样，既要有规定动作——全家的必烧菜，也要有自选动作——妈妈的拿手菜，还要从不同家庭成员喜好出发——特色菜。一堂好课的前提是富有针对性，而加强针对性的前提就是研究学情，立足学生实际，发挥自身优势。

我也更希望自己的政治课堂带给学生的不仅仅是分数，还希望能传递给他们一些价值观。2012届徐璐姐姐对爸爸的评价，我倍感珍惜。

"他教的政治，上课特别有趣。高一的时候政治课少，于是政治课就成了好多人每周特别期待的时间。我的政治不算好，但是上课一直特别专心，因为觉得他投入了特别多精力，他的每一堂课都值得认真听。晚自习抱着习题本子去答疑，他会边发问边回答我们的问题，因为他特别喜欢从我们的答案中寻找不一样的思路。他很尊重我们的答案，如果他觉得我们被判为错误的答案也有可行的说法，他就会记下来，再找别的老师去讨论。因为他不敷衍，所以他值得尊重。不得不说，现在的我好多特点是被他塑造的。他教的，说的，哪怕是逼的，都印在我的性格里。他很少因为政治学科而占用我们的时间，像前面说的，他教会我的道理，远比政治课的内容来得多。除了成绩，他善于挖掘我们更多的能力，让我们自己一点点地发现自己的长处和把握自己的方向，在每一次的奋力拼搏和创意火花里都有他持久的鼓励。他总是自嘲说他没有文化，他喜欢和我们在一起是因为我们让他变得更有文化，可是他说的话总是很实在，浅显而又深刻。每次看到他，我都仿佛可以从他的眼睛里看到那些年曾经为了梦想很热血向前冲的自己。他给我那些跨越障碍的勇气，他教我待人的宽容和豁达，他教我为了最终的理想持之以恒地走下去，最重要的，他带着我一点一点看见了更多的自己。有时候我会很想念他说的话，想念他时不时拿某个人开一些小小的玩笑。有时觉得他很像一个预言家，因为他一直是如此看好我们的未来。记得在毕业典礼的告别颁奖词中我为他写了一句很煽情的话——'我们是你手中的风筝，飞得再远，也能看见那不断的风筝线是最初的方向。'也许他和我们的三年，就可以被这样概括吧。"

对于课堂，爸爸一直是特别珍惜的。我们对待工作，对待教学的一言一行，都是价值观的传递。在我离开二中之时，收到的诸多祝福，也有好多学生留言说是因为我而对政治课产生了浓厚的兴趣，甚至把政治作为选考科目。这是对我莫大的鼓励。

费拉尔·凯普曾经说过，把自己喜欢并且乐在其中的事情当作使命来做，就能发掘出自己特有的能力，其中最重要的就是保持一种积极的心态，即使是辛苦枯燥的工作，也能从中感受到价值。西言，身为老师，努力让学生喜欢上你的课吧！它会有助于你成为一名优秀的班主任。

　　　　　　　　　　　　　　　　　　　　　　　爱你的爸爸

8. 当班主任，心中有阳光

西言：

　　你曾经问爸爸，为什么会觉得当班主任是一件开心的事情。说实话，很多时候，当班主任并不都是开开心心的，正如在陪伴你长大的过程中，我和妈妈会因为你在成长过程中的阳光、进取、健康、快乐而欣慰和自豪，更会因为你在身体、学习成绩、行为习惯、人际交往过程中遇到的一系列问题而焦虑不已。而且，这样的状况并不是少数，伴随着从你出生至今的每一阶段。班主任工作，何尝不是如此？

　　在很长的一段时间里，爸爸成了一名凡事就会抱怨的人。待遇低、强度大、培训多、会议多、周末补课、学生难教……

　　而我发现，抱怨并没有让师生、家校、同事关系变得更好，也没有让我自己产生任何喜悦，没有让我的生活和工作添姿加彩，反而会让我的人际关系陷入僵局，让自己的负面情绪不断叠加，从而产生更多的不快。可想而知，带着这样的心态去面对工作、面对学生时，爸爸怎么可能有幸福感？而学生从我这里获得的，肯定不是赞美，而是讽刺；不是温暖，而是冷漠。

　　实际上，抱怨与苦恼的真正根源，并不是爸爸在工作和生活中所遇到的困难，而在于对它持有的态度。与其抱怨，不如面对！我扪心自问，为什么不换种心态看问题呢？也许，危机可能就是解决问题的契机，问题可能恰恰是研究的课题，事故可以被演绎为故事，对手也可以是队友，纵使是再"恼人"的事情，换一种心情、换一个角度看待，也能让人感到心满意足。作为一名老师，身上肩负的使命就是要向学生传递正能量。如果爸爸一生和怨言相伴，与牢骚同行，怎么可能带出一批自信坚强、积极乐观、心灵充满阳光的学生来呢？罗曼·罗兰说，这个世界上真正的英雄主义者只有一种，那就是在认识到生活的真相后依然热爱生活的人。的确如此，在班级管理中，年龄并不重要，重要的是心态。如果我们教师的心中没有阳光，学生的心灵就可能添一份阴暗。吴非老师在《致青年教师》里说得好："一群有梦想的学生遇上一个没有梦想的班主任，是人生的不幸。当下社会很浮躁，但班主任必须要有一颗潜下心来的教育情怀。我们朴实的工作态度，发自内心的话语，就像把一粒种子放在了他们的心田。而你今天种下什么样的种子，明天就会开出什么样的花，结出什么样的果实。"爸爸的手机里留有衢州二中2014届优秀校友郭超毅的新年祝福："友民叔叔，新年快乐！很高兴认识快乐而又积极的你。这几年人们似乎一直很累，我走在街上，发现很多人都像有心事一样忧心忡忡，我把它归结于某种教育的缺失，而你对教育的持续激情乐观投入让我感觉到了希望和动力……"学生的鼓励，我也是倍加珍惜的，而背后，庆幸的是自己的改变。

西言，班主任工作，方法并不重要，用心才是关键，走心才有实效。应付，只能把事情做对，用心，才能把事情做好！摆正心态，涵养教育情怀，你一定可以成为一名优秀的班主任。爸爸谨以美国诗人谢尔·希尔弗斯坦的小诗《总得有人去擦亮星星》，与你共勉。唯有更多的老师，都愿意做班主任，成为一个个擦星星的人，我们的教育才有希望。

总得有人去擦亮星星，
它们看起来灰蒙蒙。
总得有人去擦亮星星，
因为那些八哥、海鸥和老鹰
都抱怨星星又旧又生锈，
想要个新的我们没有。
所以还是带上水桶和抹布，
总得有人去擦亮星星。

爱你的爸爸

班级篇

9. 当班主任，教育有契机

西言：

教育中有很多问题，当我们换种心态，换种方式，都会找到一条更好的路，也会让教育充满智慧，充满温度。

变要求学生成功为陪伴学生成长，变功劳为功德。"友民，高中三年努力，虽然没有实现当初上北大的梦想，但现在回过头来，我却没有丝毫的后悔。如今的我，感谢当初那个努力奔跑的自己，因为我收获了成长。"这是爸爸的一位学生发我的短信。激励学生考上名校，固然是我们当老师的一种追求，的确，优质学校可以让学生结识到更优秀的人，享受更优质的资源，塑造更好的品格，获得更多前行的动力。但是学生时代的努力，收获的不仅仅是一张录取通知书，更是战胜苦难的人生智慧。我们现在努力奋斗的意义，不一定是当下的分数能够体现的，心灵成长，比取得暂时的成功更为重要。

变问题为课题，让事故变为故事，让危机变为契机。记得 2015 届（1）班，我们的晨跑比赛拿到了年级倒数第一，同学们都以为我会大发雷霆，他们最怕我发怒时"会杀人"的犀利眼神。那天我恰好外出开会，听到电话那头班长哭泣的声音的时候，难过之余，我却感觉到"终于"等到这一天，激发学生的机会来了！如果没有这次倒数第一，之后的一系列活动如全班问卷、我的书信、班长号召、班会活动就不可能取得成效。接下去的结果，也是意料之中的，我们长期占据跑操年级第一的位置。徐盛姐姐在"半月谈"里这样感叹道："作为一班人，我是自豪的。因为当我们面对倒数第一的事实时，我们在黑板上写下的不是不满，而是'东山再起'。我们并没有一味地去责怪他人，更多的是去反省自己，做问卷、开班会、想办法。"每一位老师都希望自己带的班级平平安安，顺顺利利，但实际上这只能是我们美好的愿景而已。所以，我们的学生遇到的问题，其实，恰恰是我们研究的课题。通过寻找问题背后的问题，从而找到解决问题的方法。事故，可以演绎为故事;危机,恰恰是改变的契机。

变单向的规定为相互的约定,变简单的教导为艺术的引导,变老师的要求为学生的需求。曾经,我习惯了用居高临下的姿态、不容置疑的口吻、命令和管控的方式来和学生对话,这样的交流效果可想而知。而当爸爸放下身段,用协商的方式,站在学生的立场去看待他们的需求时,反而更能取得一致的意见。正如上面提到的晨跑倒数第一的事情,我也多次训斥,采取多种惩罚方式,甚至自己天天陪跑,但是效果很差。当我选择了改变,期待中的效果反而出现了。

变竞争对手为志同道合的队友。一个缺乏进取心的团队,一定不可能成为优秀的团队;一个缺乏进取心的学生,一般也不可能成为优秀生。每一位班主任都希望他的学生个个是充满斗志富有竞争精神的,爸爸也不例外。但是,当一个班里同学之间为了分数拼得你死我活的时候,我不知道这样的班级是否充满温暖,这样的教育是否充满温度。而我曾经就是用这样的方式来管控班级的,导致同学之间、师生之间互相防范、相互指责。所以,请不要学爸爸,学习,本来就不一定非得是你赢我输的战争,即使有输赢,也要营造一份氛围,让学生"学会去输"。

变表态为表率。"友民,你是少有的让我对国旗下讲话充满期待的老师,很喜欢听你讲述二中校园里那些细小却那么美好而又真实的故事,更关键的是,很多时候,你讲的和做的是一致的。""友民,你是我来到二中第一个路上主动和我打招呼的老师,虽然你不认识我。""友民,经常看到你在校园里捡起垃圾,所以我也和你一样,学会了弯腰。""友民,二中清晨校园里的那道荧光绿,是我看不厌的风景,不知道你是否记得那个多次和你一起跑步的男生,很享受和你一起边跑边聊的场景……"去年,在二中学生给爸爸的诸多告别留言中,我才发现,身为政教处主任,每周在国旗下讲话大谈"如何做一个爱国敬业诚信友善的二中人",不如用自己的实际行动让社会主义核心价值观落地生根。与其号召大家"给我上",不如引领大家"跟我上"。

爱你的爸爸

班级篇

二、创新管理思路，未成曲调先有情

10.作业，"怎么批改"比"批改什么"更重要

西言：

凡是有经验的班主任都特别重视让任课老师在尽可能短的时间内熟悉本班的学生，也会在这方面提供力所能及的帮助，其中比较常用的方法当然是制作座位表。爸爸起初的做法同样如此，将座位表放在讲台上，这样，任课老师来上课时，就能通过课堂互动等方式较快地记下学生的名字。

后来，为了方便任课老师在批改作业的时候能记起学生的所坐位置，爸爸又吩咐各科课代表制作一份座位表给各任课老师，效果又有所增强，特别是语数英三门功课的老师，几乎每天有作业批改，所教班级一般为两个平行班，他们往往能在开学的第一个月内熟悉所有学生的名字。但对于其他学科老师而言，因为他们所教班级都在四个班以上，文科甚至五个班以上，还有跨年级任教，加上布置作业的次数较少，所以一年下来，每个班只记得寥寥无几的学生。爸爸是政治老师，一般至少任教五个班级，除了自己担任班主任的班级之外，往往一学期下来还不能把其他班学生的姓名和人对上号。有一位学生杜某就曾对爸爸说过："物理老师肯定不认识我，我相信他大概认识我们班不到五位同学，喊起立的班长王某，交作业的课代表夏某，上课发言积极的方某和姜某等。"

杜某的话启发了爸爸，怎样让任课老师能尽快熟悉学生呢？2009届学生开学交照片的情景给了爸爸思路，何不让每位任课老师都有学生的照片，下方写着学生的班级、姓名、学号，这不是一目了然吗？我马上请来了学校负

责拍照的小刘叔叔,为全班同学按着学号顺序拍了两寸大头照,照片下方注明该学生相应信息。为便于老师存放,全班同学的照片全部排版在一张 A4 大小的纸上,这样,老师既可以拿着照片去上课,也可以对着照片去改作业,老师们在批改作业时,经常会看看所教班级学生照片,碰到情况比较特殊的,对一下照片,往往会发出"哦,就是她啊,上课很认真的""怪不得错得比较多,我看他上课投入度不够"等类似的感叹,以较快的速度认识并熟悉所有同学。这一做法为老师有针对性地进行师生沟通、交流提供了方便。后来,这一做法推行到全年级,得到了同事们的肯定,爸爸也在不到半个学期的时间里认识了所教的五个班级的所有学生,这也算是一份难得的成就。

我标注的学生座位表

记得有一次走在路上,遇到爸爸任教的一个班级的学生,爸爸随口就叫了一声"海涛好!""友民,你知道我的名字?"从他诧异而又欣喜的脸上,爸爸我意识到熟记并能随心所欲叫出学生的名字,学生会感受到一份尊重,自然也会对老师产生信任感和亲切感。

正如戴尔·卡耐基强调的,记住对方的名字,并把它叫出来,等于给对方一个很巧妙的赞美。如果你想成为一名优秀的班主任,那么就请你想方设法尽快记住你班里学生的名字。

爱你的爸爸

11. 表扬，"怎么说"比"说什么"更重要

西言：

高一新生开学，一般都是军训和始业教育。如何尽可能快地形成友善的人际氛围？哲人威廉·詹姆斯说，人类本质中最殷切的需求就是渴望被赏识。学生也不例外，需要得到身边人的鼓励。为身边同学找亮点并在全班同学面前表扬，这是爸爸这些年一直坚持做的活动。我把这项光荣的使命委托给全班每一位同学，开展"点赞你我，温暖班级"活动，每一位同学都有一个点赞本，每天他们都要用文字的形式去点赞身边那些给自己带来感动的人和事，当然，也包括他本人所做的。

说起表扬，那当然是谁都会的事情，但是无论是批评，还是表扬，抑或是安慰孩子，"怎么说"比"说什么"更重要。那么，要如何夸奖呢？斯坦福大学发展心理学家卡罗尔·德韦克十年的实验结果启示我们，夸奖，其实也是有学问的，有三个原则需要坚持。那就是——"夸具体不夸全部，夸努力不夸聪明，夸事实不夸人格。"这也让爸爸意识到，以前经常挂在嘴边"真棒""真聪明"的这类表扬方式是错误的。所以，我们就统一用"今天我要点赞（学生名字）……我发现（一个客观事实）……我感到（个人主观感受）……我希望（提出自己期待）……"的格式。"发现"的是对具体事情的描述，"感到"的是发自内心的自身感受，"期待"的则是美好的愿景。

而我要做的，只是每天在同学面前真诚朗读这些温暖的文字，传播温暖，传递友善。这个活动不仅仅是在开学之初开展，即使是在平时，我们也一直常态化开展这样活动，只不过，"每天点赞"变成了"每周点赞"而已。当我们每一位同学都努力从身边去寻找美、感受美，无论是被表扬的人，还是主动表扬别人的人，其实都是最美之人。这样的团队氛围也一定是向善、向上的。

这和爸爸以前处理问题是大相径庭的。以前，我是用管控的方式去寻找每位同学身上的缺点，采取的是"连坐"的方式来处罚学生，比如让学生

互相揭发并处罚。一位晚自修吵闹的学生必须抓到下一位才能回到自己座位学习,效果是立竿见影的,但是班级的氛围是压抑的,大家开始人心惶惶,互相提防。如果学生之间闹矛盾,我基本上是认定一个死理,"一个碗不会响,两个碗叮当响",然后各打五十大板,由此带来的后遗症也是明显的。因为事情表面上是得到解决了,实际上隐患依然,粗暴的解决方式也让师生关系变得紧张起来。就如王晓春老师在《问题学生诊疗》一书里说道,当下的班主任一发现学生的问题就马上采取所谓的"断然"措施去解决,而不是去寻找问题背后的问题,这就像一位医生没有经过诊断直接给患者开药一样,结果是非常可怕的。这样的班主任工作,也让我心累。

西言,优秀,永远不可能是被人责骂出来,而是激励出来的。用爸爸奉为信条的三句话与你共勉:人是需要鼓励的,爱是需要表达的,心是需要沟通的。

幸好,爸爸选择了改变。

当初我不知从谁那里学来了一招叫"控制三闲",给你看看其中的一个版本。现在看来,我依然羞愧不已。

爱你的爸爸

附:2006 届高一(1)班三闲行为控制

一、老师上课期间

1. 打岔抢话、起哄

2. 走神被老师提醒

3. 递纸条

4. 吃东西:任何东西(除水)

5. 看闲书:与课堂内容无关的书籍

6. 找东西:超过 2 分钟

7. 睡觉

二、自修课期间

1. 自修课讨论题目(除同桌及前后范围内纸条问问题外)

2. 吃东西、喝饮料(除水)

3. 看闲书：游戏类、漫画类、网络类、电脑类

4. 找东西超过 2 分钟

5. 一节自修课随意进出达 2 次

6. 自修课老师进教室抬头看达 3 次

7. 唱歌、自言自语

三、下课期间

1. 在教室追逐、打闹、大声喧哗、大声唱歌

2. 吃垃圾食品：油炸类食品、汽水可乐类饮料、方便类食品(主要指方便面和膨化食品)

四、监控途径

1. 任课老师监督(当堂点名批评、下课班干部咨询、班主任咨询)

2. 同学监督(信箱纸条、当面反映)

3. 班干部监督：三闲登记表

4. 班主任监督：突击检查

5. 盟友提醒

五、改进措施

1. 扣分：一次 2 分,累计加倍

2. 说明书：500 字、专用纸、课外、当天完成、黑板展览

3. 锻炼：绕图书馆,女 8 分钟(5 圈)、男 12 分钟(10 圈)

《把有意义的亲子交流变得有意思》

12. 惩戒,"怎么罚"比"罚什么"更重要

西言:

惩罚机制一直是班级管理当中力度大、见效快的手段,如寝室扣分、教室扣分、课堂讲话等,都可以用写说明书、罚扫地等方式加以惩戒;如果学生不思悔改,甚至可以要求家长带回家反思几天,所以这成为包括爸爸在内的大多数班主任工作时常用的撒手锏。但时间一长,副作用同样也暴露出来,尤其是碰到吃软不吃硬的学生,频频用罚的方式不仅无济于问题的解决,反而会加剧师生之间的对立,使学生对班主任管理工作充满逆反情绪。谢谢你赞同爸爸对你犯错之后的举措。每一个人都是在错误中逐渐成长起来的,在当下的班级管理中,尊重学生犯错的权利,给学生以改正错误的机会,已成为大家的共识。在平时的班主任工作中,爸爸采取了一些人性化的举措。

允许学生首错免责。在我们班里,每一位学生在第一次触犯班规时都享有这个权利,性质恶劣、情节严重时除外。不犯错的学生?那是圣人。在推行这个政策之前,我曾担心这是否会导致学生对班级公约、学校规章制度的藐视,从而导致班风学风的滑坡,但结果并非如此,这反而推动了班风学风的进步。原本学生只要犯错误就予以扣分和惩罚性劳动的方式,一方面,让学生过得胆战心惊,感觉不到生活的快乐;另一方面,一批屡教不改的学生,表面虚心接受,私下坚决不改的态度,让我感觉班主任工作做得心很累,师生关系变得紧张。现在大部分学生倍加珍惜这仅有一次的"犯错权",而紧张的师生关系也因此而得以缓解。该项制度一直坚持至今并不断修正,所发挥的作用也逐渐得到印证,尤其是在融洽师生关系、凝聚人心方面,实现了以退为进的效果,契合了我们的班级管理的初衷。

给予学生惩戒方式的选择权。记得有一次,爸爸班里的五位学生频频违规,按照班规班纪,要求这五位学生晚上不得住宿在学校,晚自修结束后

全部回家睡觉，第二天早上和其他同学一样，赶到学校晨跑。这可害苦了其中一位同学，因为他来自离学校有近百公里的开化农村，而且父母都在外面打工，他是和爷爷奶奶生活在一起的。这件事情给爸爸以启示：有些时候，一刀切的惩罚方式，往往缺乏实际操作性。是否可以给犯错的学生以多重选择，既能做到公平公正又能达到实际效果呢？后来，爸爸在惩戒学生的时候，往往给学生以备选方案，欣喜的是这不仅解决了操作的可行性难题，更让紧张的师生关系得到一定缓解。

惩戒之时，老师不做监工做陪护。有一次，一位犯错男生选择了操场跑步十圈，跑步时，他发现我也跑在他的身边。"友民，你陪我一起跑？""是啊，我也正好可以锻炼身体嘛！况且，这件事情，我也有不对的地方，没有及时提醒你，而且刚才对你态度很不友好……"我们师生俩，就这样边跑边聊，而这位原本心情郁闷的男生和我交流的，远比平时在办公室里讲得多，与其说是惩罚起到了作用，不如说是惩罚过程中我的陪伴和沟通在起作用。

让学生写信给自己。学生犯错，让学生写说明书是班主任的一大撒手锏，从小学到高中莫不如此，殊不知这种方式对那些经常犯错的学生已是"信手拈来"。有些老师甚至把学生的说明书按序号编排，好像是给学生建立一个档案，日积月累，以便采取更严厉的措施加以惩罚。但这种说明书到底有多少教育意义，其实值得我们反思。班里有一个男生寝室，高一开学时他们一直表现不错，我也比较放心，但半个学期后，我通过多方渠道了解到，该寝室自从十月份运动会后几乎天天开"卧谈会"到深更半夜，导致次日白天他们在课上昏昏欲睡，随之而来的期中考试成绩一落千丈。得知此事的我当时气得火冒三丈，深感脸上无光，作为政教处主任，却连自己带的班行为习惯都这么差，怎么有资格去要求全校班主任？当天晚上把学生叫到办公室臭骂一通后，我觉得还不解气，要求这个寝室学生通校，这可吓坏了几个离家较远的学生，他们纷纷口头保证以后绝不再犯。稍微冷静下来的我让学生先回教室，自己一人待在办公室仔细琢磨。我发现这几位学生中有四位是班干部，平时工作积极，态度认真，人际关系很好。如果一下子全撤了他们的职，班级工作受影响不说，同学们的反应如何，我也没把握。但宽容不等于纵容，利用这个契机适当惩戒把坏事变好事，营造良好的寝室风气，我认为也是很有必要的。第二天，爸爸又召开了该寝室全体成员会议，给他们三个选择：一是通校回家住，二是住到一楼寝室一周，三是以第三者的身份给自己写封信，前提是这封信一定要真诚，打动自己并感动我。结果，学生选择了第三个方案，原以为要受重罚的他们，没想到我棒子高高举起之后却轻轻落了下来，一颗悬着的心放了下来。事后我发现写信给自己的这种方式非常实用，达到了让学生自我反省、自我教育的目的。就如陶行知先生所说的："最好的教育是教给学生自己做自己的先生。"爸爸给你看下当初一位哥哥写给自己的信。为保护隐私，爸爸使用化名。

亲爱的建文：

你好！

这是我第一次给你写信，我从小看你长大，没有人比我更了解你，听说你这次犯错了，我特地写这封信来和你谈谈。你很幸运，能够上二中，而且你的表现一直不错，老师很喜欢你，也很信任你。但是，你却在期中考试中失利了，你知道这是为什么吗？你的确十分准确地分析出了许多原因，但是，有一条你没有分析到，因为你认为这只是一件不值一提的小事，可这恰恰是主要原因。

那就是熄灯之后说话。

也许你会不以为然，因为这很正常，至少在你看来很正常，因为许多寝室也都说话。但是，当你在说话时，你是否想到第二天你会因为没睡醒而上课时注意力不集中，你是否想到在你离家时父母对你"早点睡"的嘱托；你是否想过你每天早上早早起床的成果却在晚上的你一言我一语中损失殆尽。你每周回家都会对你父母说你在学校里如何如何辛劳，如何如何刻苦，殊不知你每天晚上都在寝室里说话。你不光欺骗了父母，也欺骗了你自己。你也许会厌烦我的说教，但有一个道理不言而喻：一个人的底线就是不欺骗自己。你却欺骗自己，认为自己很努力，认为自己一定会取得好成绩，我不会用对错来评判你，我只是觉得很失望。

还有，老师因为信任你，让你当班干部，目的是使你得到锻炼。但你却连管理者的第一条准则也没有做到：治人者必先自治。你带头不遵守就寝纪律，你又有何德何能，有何资格去要求别人做什么呢？你在做班情总结时，在要求寝室应做哪些改进时，你是否会汗颜，你是否会觉得有人在戳着你的脊梁骨，说道："你自己都没做好，还来管我们。"哦，也许你不觉得。

你这样有负老师对你的信任，我想这不用多说。我只想说一点，当老师把他手机中夸奖你的短信给你看时，当他向你投来失望、难以置信的目光时，你是否感到无地自容，两颊发烧。你已经麻木了吗？

令一个人最愤怒的莫过于遭到背叛，而你不仅背叛了你的老师，而且还回身在他脸上甩了一记重重的耳光。这耳光不仅是给老师的，也给了你自己，你所受的惩罚就是咎由自取。

也许我的言辞有些严厉，但我这是为了你好，为了让你更优秀。你的处境已经比较危险了，若还不觉醒，则意味着永远的沉沦。

最后了，送你一句话：不在沉默中爆发，就在沉默中灭亡。

另一个你

西言，爸爸越来越意识到，在班级管理上，对待学生犯错的事情，多点人情味的举措，这不但有利于改善师生关系，也有利于学生的健康成长。你说呢？

爱你的爸爸

13. 管理，"怎么管"比"管什么"更重要

西言：

对于数码相机在班级管理中所起的作用，大多数班主任仅仅满足于在运动会、班级晚会等重大活动中拍照留念的作用。而实际上数码相机是班主任班级管理的好帮手，爸爸为此尝到了诸多甜头呢。

正面强化。榜样就在我们身边，爸爸几乎每天都会拍摄学生平时学习生活中的感人场面、精彩镜头，让镜头中的学生感受到来自班主任的鼓励和尊重，也让部分同学意识到唯有学习他人，方能超越自己；唯有改变自己，方能超越他人。爸爸特别注意拍下那些被忽视的细节，曾在一周之内连续拍下夏诗琳姐姐努力学习的镜头，在大扫除时拍下志愿打扫卫生同学劳动的身影。获得免检寝室的同学、评上优秀学习小组的同学、评上"感动就在身边"的同学、评上校级优秀学生的同学、文章发表在刊物上的同学等等，我都会一一为他们拍照，并张贴在教室的墙上。

不仅拍自己班里的好人好事，我还带着相机把所有值得本班学习的镜头拍下和同学们一起分享和学习。我把周六晚上留校同学在图书馆学习的镜头拍下，去高三年级把高三学生沉醉于学习中的"星星点灯"晚就寝的场景拍下，去义乌中学把学生自修课旁若无人的专注学习态度拍下，去实验班把同学们静得出奇的晚自修纪律用摄像功能录下，这一切，都成为我激励学生做得更好的第一手资料。

活动剪影。每次让美好永留，一届一届学生毕业后告诉我，在大学里想念高中生涯时，他们就会拿出全班每人一本的毕业留念册，因为那里面不仅有全班同学的毕业照，还有我们的班旗、班歌、班徽、班级展板，有我们当初给每位任课老师的教师节颁奖词及老师们的风采，有富有特色的"半月谈""火车票""寝室公约""班级水票代用券""生日分享""互写评语""感动就在身边活动"，有同学们和父母一起参加的家长会，有我们的萤火助学

捐助行动,有高一录取通知书、高中三年的素质报告单、班级功课表、值日表、时间表,有军训、元旦晚会、运动会、野炊、踏青挖笋、捉迷藏、晚读等场景。而这一切,都得益于数码相机的帮助,给同学们也给老师们留下了永远的美好回忆。

2019 届高一(1)班春游

负面"曝光"。有时候,偶尔的"曝光"也是一种教育的手段。比如把班级一些不文明的现象拍下来,以此督促他们养成好习惯。记得 2009 届(1)班有几位学生特别不注重卫生,他们坐到哪里,哪里的地面卫生和书桌就会一片狼藉,年级值周经常被扣分。我也郑重提醒过,但效果不佳。于是,爸爸把相机从家中带来,把他们所坐的地方拍了下来,制成幻灯片,在周一班会活动课上展示给全班同学看,并请同学们猜是谁的座位。这招果然奏效,这几位同学也开始慢慢注意地面卫生和整理个人学习物品。尝到甜头以后,我经常带着相机,看到教室、寝室卫生不干净,做操不认真,晨跑队伍不整齐,自修课学生吵闹……我都一一拍摄下来,班会活动一一曝光,曝光后依然不予改正的,同班级量化考核挂钩,并承担做义工的任务。通过相机"曝光"这些负面形象,学生的自律意识自我管理能力得到了强化。

当然,现在有了智能手机,那就更方便了,爸爸还经常通过微信、QQ进行现场直播呢。当然,基本上全是正面的。

爱你的爸爸

14. 座位，"谁来安排"比"怎么安排"更重要

西言：

即使是到了高中，班内学生的座位安排，依然是家长关心、学生在意、老师为难的一件事情。我们的家长对孩子所在的小环境有着特别的关注，不仅在意哪所学校、哪个班级，也在意谁是室友、谁是同桌。的确，学生的座位排得是否科学、合理、有效，将直接影响到班级的凝聚力和向心力，影响到教育教学效果的好坏，对于打造良好班风班貌，促成优秀班集体的形成起着不可低估的作用。

你从幼儿园一路走来，是否发现安排座位时无非是以下几种方法：前矮后高，男女搭配，照顾近视，分散调皮等。有的班级座位一旦安排好，就很少有调换，有的班级是固定一月一轮换。

高一开学之初，我一般采取的是"抽奖"的方式。每位学生报到的时候，都会从我特意准备的箱子里抽到一张印有座位号的纸条，而我则送上了"恭喜获奖"的祝福。这貌似随意的做法背后其实也有我的深意，希望用这种方式告诉学生：生活中有诸多偶然，比如被分到了我们这个班级。是一种缘分让彼此不相识的你我相处在同一个教室，又通过小小的抽签方式成为同桌。为珍惜这份缘分，事先抽到座位的同学要向后来的同桌主动问好。因为我始终觉得，班级管理的起点，是建立师生之间、同学之间的信任关系，先建立感情再来开始建设制度。

一段时间以后，我们开始组建班级兼有学习和管理双重功能的合作小组。由于小组是在遵循一定的原则下自由组合的，选择什么样的同学作为自己同桌的权利也就落到了同学们自己手上。所以，沟通、协商就成了组合内部解决问题常态化的方式。有些组合采取组内轮流同桌的方式，有些依然采取抽签找同桌的方式，有些则固定搭配雷打不动。对于这些，我几乎从来都是"不闻不问"，落个轻松，只有同学之间闹出个什么矛盾来了，我

才会出来做个和事佬。如果有哪位同学要求和其他组合的同学成为同桌，同样采取协商的方式，在征得双方组合全体成员同意的前提下，可以进行自由调换。至于班级内部不同组合之间的整体调整，我则基本采取了每两周进行一次组合前后左右大挪移的滚动方式。

西言，也许你要问，这样，如何照顾个子不高和视力欠佳的同学？的确，也有家长有过这样的诉求。爸爸也曾经考虑过如何兼顾不同同学的利益，对于有视力问题的学生，我发现这是一个很难平衡的问题，因为班里根本找不到几个不戴眼镜的学生，所以就不考虑给予怎样的特殊政策了。而对于个子矮的同学坐在后排的现象，一段时间以后发现，这本来就不是一个问题，因为每一位同学看黑板，基本上都是从前面两位同学之间的空隙看过去的，否则即使前排是再矮的同学，你看到的也只是对方的后脑勺。所以，关于身高带来的座位安排难题，也就迎刃而解了。

爱你的爸爸

15. 生日,"怎么过"比"和谁过"更重要

西言:

从你每年过生日的场景看,你最喜欢的方式,并不是和爸爸妈妈一起,而是和自己的同学一起。身为老师,爸爸很是理解。每一位学生来到校园,是来寻找同伴的,和同龄人在一起的日子才有可能收获更多的快乐。

对于在学校过生日,有些老师并不提倡,甚至是反感的。究其原因,有些是怕生日活动会把心玩"散",影响学习;有些是怕造成学生之间的相互攀比;有些纯粹觉得是多此一举,认为学生来学校是来学习的,搞那么多与学习无关的事情干吗?而我始终认为,有仪式感的生活才有价值。学生生日,不仅允许过,而且还要好好策划。校园生活,不应该仅有学习的苦味,也应该有生活的甜味。

开学之初,爸爸会买来贺卡并交给生活部长保管。到了同学生日的那一天,该同学就会收到这张写满祝福的贺卡。在贺卡上送出真诚祝福的,除了自己的寝室室友、班级组合队友,还有我。除此之外,文艺部长一般会在早自修期间,策划一个十分钟内的小型生日会,带领全班同学为寿星庆生。至于方式,除了齐唱生日歌之外,其他的活动,则是"百花齐放、百家争鸣"了。

2015届的黑板涂鸦生日祝福

同学们把诸如诗词、歌曲、古文等改编成生日的祝福，诙谐幽默的词句和现场表演，让在场的同学们也是直呼有才！不妨让你看看2012届徐璐姐姐生日时，姜许歌姐姐为她改编的歌曲《七里香》，其中诸多内容也只有她们自己才能领会。看着她们笑得人仰马翻，我却听得一头雾水。

《七里香》改编版

那边郑友民在讲台前面多嘴

你说这一句很有建清的感觉

俊斌的粉笔在黑板来来回回

向阳用几个字形容你是他的谁

高考后的滋味

春霞和你都想了解

婵娟的青春就这样被我们摧毁

你突然对我说

建华平羽不能忘记

你说那你舍不得结束戚爷的游戏

周三好美

球场上玩着杀人游戏

不用担心

加索尔书豪都是你的

篮球再好

也无法替代足球的丝毫

你出现在我们的每一天

窗边的毛公鸡在饮水机边多嘴

你说这一句很有月哥的感觉

国母的恩赐在海外荡来荡去

沿用一段话形容你是她的谁

康宝莱的滋味

大 GAI 和你都很嫌弃

青春的岁月就这样被嬉笑回味

去食堂的路上

晴天雨天一样难忘

你说你会舍不得离开相聚的时光

转眼五月

教室的各地都是纪念

箱子里面

做过的练习厚厚一摞

各奔东西

也不能让我们回忆丢弃

你是我无法割舍的一切

那时候,正是电视剧《甄嬛传》流行的时候,郑倩如姐姐的生日,就收到了这样的生日礼物。

《甄嬛传》改编版

徐璐:"你们看今日外面天气极好,本宫想出去走走。既能冲冲喜气,也能看看京城百姓的生活。不知你们意下如何?"

承诺:"今儿阳光如此明媚,如果嗜睡,岂不误了大好韶光?况且昨日街上瞧见西洋帅哥,如此欢喜,端的不好意思,然更有欢喜的狗儿街头嬉戏,使得本宫真想去瞧上两眼。"

姜许歌:"方才察觉今日是倩如小主的寿辰,喜悦万千。我们若终日碌碌,虚耗光阴,不免凄凄惨惨戚戚。但良辰美景虽好,需行乐有度,才不负恩泽。"

徐璐:"想如今这倩如小主的身量自是极好的,大大的脑袋加上胖胖的肘儿,是最好不过的了。我愿她再长高些,虽会显得高大威猛,倒也不负恩泽。"

承诺："方才看见倩如小主穿着那几件新制的衣衫，款式极是诡异。给她却是再好不过了。据说是西洋乔治莎白店进贡的比基尼。若本宫也能买得几件，虽荷包消瘦，倒也是极好的。"

徐璐："苏公公，倩如小主近来都在做些什么？"

毛珺萱："回娘娘，小主在闭关读书呢。"

姜许歌："能日日闭关念书本是极好的，可惜内容甚多，前记后忘，本宫为此寝食难安，倍感力不从心，又奈何天公不作美，消极了本宫背书的兴致。因而甚想与姐妹们结伴出游，陶冶情操。"

徐璐："这倩如小主本是同辈秀女里最天资独厚的，虽然行事规矩严谨，心里却极是桀骜的。若有此执念深重，旁人绝难左右分毫，但本宫毕竟与她有同桌之谊，深知她好一些西洋传来的玩意儿，或是她的家乡乌里雅苏台来的凤凰传奇。每每思之颇觉无限惆怅。"

承诺："看这时辰已经不早了，本宫特备了一首草原民歌，特是为倩如小主祝寿用的，想必她也认为这是极好的了。"

（表演凤凰传奇的《最炫民族风》）

后来，有英语、语文老师"告状"，说学生经常超时把整个早自修都全部霸占了。我就采取了一月一次的生日会，效果也不错。一直以来，我倡导的是，生日活动关键在于一个"情"字，至于生日礼物则几乎是不提倡送的，除了那张贺卡。西言，你觉得爸爸做得对吗？

爱你的爸爸

16. 课堂，"激励什么"比"怎么激励"更重要

西言：

2012年，爸爸送走了毕业的高三(3)班，又成了让我充满期待的高一(1)班班主任。早在学生名单没有发到手的时候，我已经酝酿着如何营造一个"非同一般"的高一(1)班。开学初的第一次讲话，我踌躇满志地向全班同学发出了号召：让高一(1)班成为二中史上最富有朝气和活力、最牛的文科班，让高一(1)班非同一般……

然而，让我始料不及的是，开学初一系列活动给我泼了一大盆冷水。军训的第一天，我就发现这批哥哥姐姐竟然连喊口号都不能大声喊出来，即使我在旁边不断督促依然如故。而正式上课一周后，几乎所有老师都来向我大倒苦水，说班里的学生如何不配合，课堂沉闷，无法实现有效的师生互动。同时，班干部队伍的建设也遇到了前所未有的压力，几乎没有一位班干部能在没有班主任提醒的情况下主动把工作开展得有声有色。开学一月下来，由于寝室内务、教室卫生等行为规范频频扣分，他们把我引以为傲的、从未失去过的循环红旗"丢"掉了，每月至少拥有一个免检寝室的记录也就因此作废。期中考试成绩更是让我和全体任课老师倒吸一口气。通过和孩子们的交流，我慢慢了解了他们的情况：这些学子在初中普遍怕数学和科学，由于中考试卷难度不大，所以他们考得也不错。听说学校高一就要分文科班，他们抱着试试看的心理向学校递交了申请，加上学校是按照中考成绩去掉科学分数报名而非考试选拔的方式组建文科实验班，他们也就成了学校首届高———开学就偏文的班级成员。他们在初中学习勤奋，但大部分同学性格内向、腼腆，不爱表现，不大主动发言，他们很少有担任班干部的经历，甚至有的人有一定的自卑心理。

面对现实，如何改变同学们不乐意开口的习惯？一味抱怨不是解决问

题之道，经过一番调研，爸爸把切入点放在了晨跑口号和上课发言上。

喊响晨跑口号，让改变发生。这个活动前后持续了近半个学期。第一阶段是晨跑时分寝室喊，最差寝室留下加练。第二个阶段是周末留下全班同学分别喊，最差的人留下加练。第三阶段是大课间以寝室为单位继续在学校小树林里练。第四阶段是把全班每个寝室优秀同学抽出来组成一组，剩下的组成一组对比喊。第五阶段，全班一起和兄弟班级比赛。每个阶段，我都用照相机拍摄下来，回到班级让同学们自己比较，寻找差距，发现不足。同学们没想到我竟然如此小题大做，虽有不愿，但也只好配合。慢慢地，他们发生了变化，同学们敢开口了，口号越喊越响，甚至成为在本年级口号喊得最响的团队。由于我周三在高三年级值日，所以每周三高一(1)班同学是和学长学姐一起晨跑喊口号的，在高三年级学生的引领和同学们自己的不懈努力下，他们的口号声竟然已经盖过了大多数高三班级。由此带来的效果是语文英语老师发现早自修的声音也越来越响。为巩固成果，我继续按寝室评比一、二、三等奖，分别予以量化考核加分。

2015届高一(1)班的喊响口号行动

课堂发言提问，践行主动精神。某些极端的应试考试，已经把学生训练成上课只会记的工具。而实际上，会说也是一种能力，学生在课堂上积极发言,这既表明自己融入课堂的状态,对老师也是一种鼓励。为此,我首先发起了"积极发言提问"主题活动周,要求他们要做"不怕倒霉"主动发言的学生,规定课代表和班干部必须每节课发言一次,其他同学每周发言一次,完成任务量化考核加分,超额完成累积加分。在此基础上树立榜样,大家一致认可余章旭是发言最积极的同学,我们就把积极发言的态度命名为"余章旭"精神,要求全班同学向余章旭学习这种勤学善问,积极发言的精神。眼看情况慢慢有了起色,我不失时机地召开了以"拒绝课堂冷暴力"为题的主题班会。班会从学姐来信开始,分小组探讨并全班分享自己上课不愿发言的原因,被老师叫到发言后的体会感受等。让我颇为惊喜的是同学们讨论积极,各小组发言人也畅所欲言,最后每个小组还分别讨论出三句积极参与课堂发言的格言。在此基础上,我又分别找到各任课老师,借任课老师之力给予同学们正面的评价和鼓励。

以上两个活动一直贯穿于高一第一学期的始终,虽然操作起来有点艰辛,但效果是明显的,同学们变得大方、主动、阳光,让我感受到了他们身上的那份青春的朝气与活力。特别感动的是高二的时候,全班同学利用课余时间,以一班之力策划了长达两小时的"笑迎高考,祝福高三"的晚会,全班所有同学都登台亮相,一个个虽然稚嫩却又极其真诚的节目,让即将走上考场的高三学长学姐看得笑声不断,感动不已,更让坐在台下的我湿润了双眼。西言,希望你以后也这样激励你的学生们。

爱你的爸爸

附:学生讨论出的强调发言的部分口号

1. 课堂就是出错的地方;

2. 让思维的火花在你我之间迸发;

3. 举手发言,我不是旁观者;

4. 与其在沉默中踟蹰,不如在主动中前行;

5. 举起的不是手,是思想的高度;

班级篇

6. 你举或不举,问题就在那里,不离不弃;

7. 下降,非兵不利,战不善,弊在寡言;

8. 要么耻在当下,要么死在未来;

9. 上课不沉默,沉默不上课;

10. 发言的价值更多地取决于你站起来时支撑你的勇气;

11. 发言是为了熟悉陌生;

12. 沉默是银,举手是金;

13. 举起手的瞬间,你收获的是勇气;

14. 如果你有想法你就举起手,不管对与错都可以举起手。

三、 设计班级活动，天机云锦用在我

17. 一元微公益，爱心在传递

西言：

记得当初在石梁中学教书时，苏玉泉校长经常带头捐款给贫困的学生（现在，退居二线的他几乎把所有的精力都放在扶贫助学上）。有一次，当我们得知一位刚毕业学生的父亲打工摔断双腿时，苏校长携我们几位老师驱车两个多小时，又徒步爬山近一个小时到了该学生家里，把我们五人凑起的 2000 元钱给了这位学生，作为她大学的第一个学期的学费。到了二中之后，虽然学生整体条件好了，但贫困的学生依然经常让爸爸不能释怀，一方面是因为自己中学时代艰难的求学经历和生活状况，另一方面是因为深受苏校长影响。所以，每带一届学生，我都会和学生一起做一件事，希望能影响到他们以后的人生观。我和 2003 届学生一起做的，是赴 2002 年 8 月 15 日九华泥石流洪灾的灾区，为失去亲人的儿童捐款 2800 元并看望这些孩子；和 2006 届学生一起做的，是赴柯城区航埠镇，为一位白血病小女孩捐款 3600 多元；和 2009 届学生一起做的，是通过"萤火助学网"共捐款 15000 元，为四川一所叫阿洛小学的学校建造了一间图书室。

这些活动得到了学生及家长的配合与支持，但问题与矛盾也随之而来，一是学校每年都有要求学生捐款的活动，这种"被慈善"次数多了，学生有点"感冒"；二是虽然每次我自己都是在最后把捐款交给生活委员，但部分学生并非完全出于自愿，而是碍于班主任的要求去做；三是这种捐款带有"运动式"性质，钱也都是父母给他们的零花钱，有些学生把所有零花钱都捐了，直接影响到一周的生活和学习；四是容易带来攀比之风，让好事变坏事。

从 2012 届开始，爸爸变"运动式"捐款为"涓涓细流式"捐款，我们称之为"一元钱公益行动"：班级出钱买了一个储蓄罐，放在教室的东北角饮水机旁，倡议每位同学每周少去一次小店，节约一元钱，成立班级公益基金，帮助身边需要帮助的人。而我作为老师每天节约一元钱，一月共有 30 元钱，全班一月下来总共 200 至 250 元钱。我们每月把这部分钱直接打到本年级一位贫困同学的饭卡上，力所能及帮助他解决吃饭问题。如果班级拿到循环红旗，我把学校额外加的 30 元钱，也捐到"一元钱公益基金"中。为顾及同学尊严，该同学的信息只有他班主任、我和生活委员及食堂负责打卡的阿姨知道，以免让该生背上不必要的心理负担。

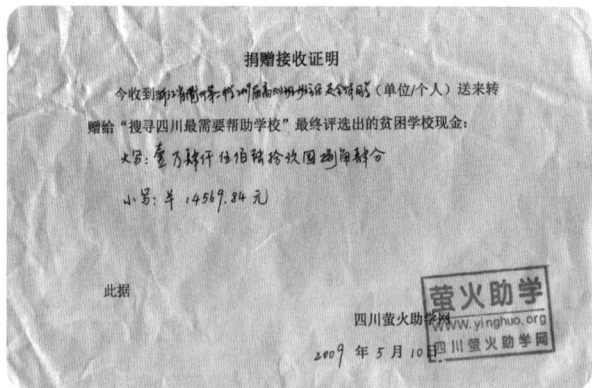

2009 届高二(1)班的萤火助学行动

由于每周只捐一元钱，也就避免了此前"运动式""攀比式"的捐款方式，而且不带强迫的方式，避免了部分学生的逆反情绪。同时他们所捐出的钱直接帮助了身边的同学，让学生体会到了助人的价值，起到的作用是潜移默化的。而对于我，花 60 元钱换来一个更富人情味，更有进取心的优秀团队，甚至也影响一部分学生——他们希望自己今后事业有成更好地回馈社会，何乐而不为呢？

再小的支持也是一份向上向善的力量,这份小小的爱心,爸爸和一届一届的学生一直在传递着、延续着,小小的"一元钱公益行动"让同学们感受到了助人为乐的幸福。

　　西言,爸爸感谢你一直参加我们的每周一元钱行动,为你经常为身边需要帮助的人献出你的爱心而欣慰。做一个善良而有爱心的人,这是爸爸对你的期待。

爱你的爸爸

18. 健康五个一，天天好身体

西言：

是否记得爸爸和你说过，生活中我们父女俩什么都可以商量，唯独运动，爸爸的要求不容推脱。我是这么说的，也是这么做的，不仅对你，对爸爸班里的学生同样如此。

记得爸爸班里有位姓蔡的女同学，一年到头经常感冒发烧，身体素质每况愈下，成绩也从中考后进班的"女一号"变为班级倒数。这从一个侧面反映了近十几年来我国中学生身体素质持续下降的不争事实，为此教育部也颁发了让学生"每天锻炼一小时"的指导意见，但"每天运动一小时，快乐学习每一天，健康工作五十年，幸福生活一辈子"的口号对很多学生来说，似乎是一个不可能完成的任务。

为此，我鼓励蔡同学每天大课间时，到操场上去跑两圈，但遭到了拒绝："老师，大课间我们班同学都在教室看书，就我去跑步，时间太浪费了，请放心，我会注意身体的。"的确，面临日益激烈的高考升学的竞争，学生的压力太大了，只要稍不努力，就会被其他同学超过，考上理想大学的希望就破灭了！当我想动员全班同学大课间走出教室去跑步时，同样遭到了全班同学的"抵抗"，背后还有一个重要原因是大家觉得跑步太枯燥了。爸爸处于势单力薄的境地之中。这时，我想到了家长，为此我在周日下午学生返校时召开了家长会。在会上，我谈到了对学生体质差的担忧和希望加强身体锻炼的想法。事后证明，这一做法是明智的，几乎所有家长都认同了我的想法。张某的妈妈甚至建议我在学生饮食上也要引导和调整，因为她女儿几乎从不吃荤菜，而且经常不去食堂只到小店买垃圾食品。范某的爸爸建议在大课间开展形式丰富学生感兴趣的体育活动。会后，我综合了家长们的意见和建议，提出了"每天晨起一杯温开水，每天一盒牛奶，每天中晚餐一个蛋,每天一个水果,每天大课间一刻运动"的健康"五个一工程",周一下午班队活动进行全班民主表决。

在会上,同学们提出了补充意见,如参加值日那天,有体育课那天,大课间能否申请不锻炼?能否开展羽毛球比赛?鸡蛋不吃能否用大排或鱼替代?运动方式可否自己选择?还有同学提出了禁止垃圾食品进教室的建议,为此,我授权班级分管体育的班干部征集更多民意,完善健康"五个一工程"。如对垃圾食品的界定,如何检查,如何进行量化考核。我们还联系了学生们亲切地称为"光明阿姨"和"长富阿姨"的两位送牛奶的阿姨,让她们每天送奶到教室,保证学生能喝上新鲜保质的鲜奶。经过了又一个星期的完善,正式出台了"高一(3)班健康五个一工程"制度。在开始的一周里,由学习小组联盟"盟主"每天向体育部汇报,体育部再反馈给我。我在每天大课间也陪同学们运动。由于运动方式由学生们自主选择,所以有人打羽毛球,有人跑步,有人跳绳,有人打篮球,学生在整体氛围的引导下基本上都积极参加了锻炼。在此基础上,我们陆续添购了四个大热水瓶和羽毛球拍、羽毛球、跳绳等,并在周五下午体育活动课开展了羽毛球系列赛、跳绳系列赛、踢毽子系列赛。经过半个学期的督促和运行,这项制度终于变成了学生自主的行动,当然,这其中要特别感谢体育部几位班干部的辛劳付出。

在这里,关于跑步,我还想多说点。西言,爸爸一直怀念小学低段时候的你,因为那时你每周都要去打羽毛球,运动会上都能拿几块奖牌回家。你也知道爸爸对你放弃羽毛球运动一直"耿耿于怀",当然其中也有脚踝习惯性受伤的客观原因。有人说,唯有阅读与运动不可辜负,在这方面,爸爸只是不希望你重蹈我的覆辙。

其实,在学生时代,爸爸还是比较喜欢运动的。无论是排球、篮球、羽毛球,还是长跑,我都会参与其中,参加工作以后,除了天天陪学生跑步,也学会了打乒乓球。直接带来的益处当然是自己的身体变好了,还有良好的工作状态。2000 年来到衢州二中，工作环境更好了，我却以班主任工作忙为借口，疏于运动，身体慢慢地发福了，血压升高了，精力不如从前了。直到 2010 年春节期间，我陪一批学生去德国游学，当时就寄宿在学校校长家里，让我看到了一位六十八岁的老人每周三次十公里长跑的毅力。我反思自己以前的生活习惯不适合做一名合格的父亲，从而决定开始跑步。起初当然是非常艰难的，但是我用勉励你的那句话告诉自己："必须做一些别人不想做的事，必须做一些暂时不想做的事，让明天健康的我感谢如今拼命奔跑的我。"我不断挑战自己，参加杭州的半程、全程马拉松，由此带给我的，不仅是身体的锻炼，还有意志的磨砺。而如今，每天跑步已经成为我的生活习惯。我庆幸选择了改变。

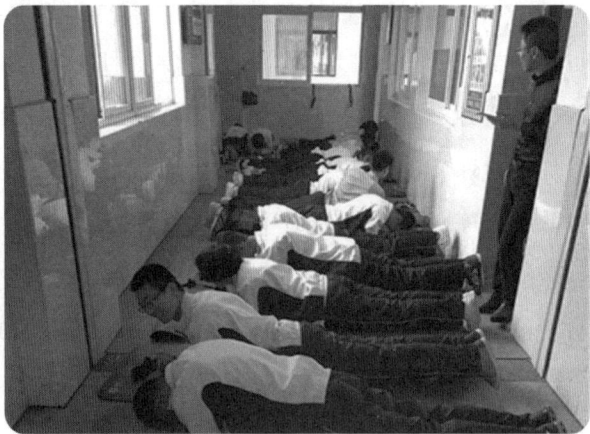

2019 届高一(1)班的每天平板支撑运动

当我尝到了运动带来的甜头以后，我就开始动员和邀请学生一起来参与，除了假期的徒步拉练、跋涉登山之外，更多的是每天坚持长跑。我不断激励同学们：我想让你们做一位身心健康精神富有的人。人家有的我们也要有，比如学习成绩；人家没有的我们更有，比如身体健康。所以，你会发现，在二中操场上，大课间全班出来跑步的，肯定是 2018 届(3)班；在衢高操场上，每周五全班跑步十圈的，一定是 2019 届(1)班；而每天下午放学前进行平板支撑的,一定也是2019届(1)班,他们从一开始三十秒都无法坚持,到后来每人坚持三分钟,这样的节奏,爸爸也无法做到。有位母亲曾经发我短信:"友民老师,太谢谢你了。我家小子是个懒得运动的人,我们父母叫他锻炼,根本听不进,中考体育班里只有他没有满分,看到你发在群里他跑步的情形,我由衷地感到欣慰。"另一位母亲则说:"谢谢友民老师,你让孩子养成锻炼的好习惯,我双手赞成,女儿现在感冒都少了。"

你知道,爸爸离开二中的时候,班里同学们送我最多的是什么吗?是跑步用的鞋子、跑步用的手机套、跑步用的帽子、跑步用的衣服!他们知道我每天清晨会在操场跑步,就自发提前起床陪我跑,以这样的方式和我告别。

西言,真心希望你能加强运动,锻炼好身体。

爱你的爸爸

19. 美文齐分享，养心胜鸡汤

西言：

你知道，爸爸最为关注的是你的阅读和运动。就如著名教育家朱永新所言，一个民族的精神发展史是他的阅读史；一位儿童的精神发展史，同样是他的阅读史。虽然不是语文老师，但对于学生的阅读，爸爸从来都是特别提倡的。

每周一的班队活动课上，有一个环节叫"阅读分享"，总会有一位同学走上讲台，打开课件，向全班同学推荐一本好书，或一篇美文。在分享书籍和美文的时候，这位同学还要为大家介绍文章的作者、写作的背景以及他自己的读后感。可以说，一届一届的学生为爸爸普及了诸多常识。小时候不看书的爸爸深深地感觉到了自己精神的贫瘠，正是在同学们的阅读分享课上，徐雨晨推荐的文章《我很重要》，让爸爸了解到毕淑敏还是一位优秀的医生。只知道冯骥才是著名的作家的我，看了包玉茹推荐的国画，才知道他原来还是一位画家。听了陈孟凡介绍才女萧红的故事后，才知道民国时代有丁玲、张爱玲和林徽因这样的女作家。欣赏了俞慧珊推荐的散文《查塔卡的杜鹃》，才知道原来除了我之外，同学们都对林清玄了如指掌，他们小学就已经学过了他的文章《和时间赛跑》呢！正是学生，建议我多看看周国平的书，这样才能让自己沾点哲学味。是学生，给我买来了龙应台的《亲爱的安德烈》《孩子，你慢慢来》《目送》，让我懂得了人世间亲情是如此可贵。尤其是写给安德烈的那封信《儿子，我为什么要求你读书》，成为我推荐给每一届学生的必读文章。记得 2012 届高考，语文结束后学生一脸开心地和我交流："友民，你猜今年的作文材料是什么，竟然是《坐在路边鼓掌的人》。"学生高兴的理由是因为这是唯一一篇班队课分享后，大家要求我给全班印发的文章。因为他们觉得，在这个大家都想被鼓掌、被关注的时代，放低身段做一位为他人喝彩鼓掌的人同样是一种选择。

西言和妹妹一起看书的场景

西言，真希望你我一起，在阅读上下功夫。说实话，如今的高中生，都是碎片化的阅读方式。其中一个很重要的原因是"压力山大"的考试，让学生有做不完的题目，挤压了他们的阅读空间。所以，爸爸只好在每年的寒暑假，邀请语文老师给班里的同学们推荐一些大部头的经典书籍阅读，这样，每学期的开学之初，每位同学和全班同学分享的假期经历，除了社会实践活动之外，还有经典阅读分享。这对于全班同学来说，无疑是一次精神大餐。最后，允许爸爸和你分享德国作家塞缪尔·尤尔曼的力作《青春》，因为阅读可以让我们心态年轻，青春永驻。

青春不是年华，而是心境；青春不是桃面、丹唇、柔膝，而是深沉的意志、恢宏的想象、炽热的感情；青春是生命的深泉在涌流。

青春气贯长虹，勇锐盖过怯弱，进取压倒苟安。如此锐气，二十后生有之，六旬男子则更多见。年岁有加，并非垂老，理想丢弃，方堕暮年。

岁月悠悠，衰微只及肌肤；热忱抛却，颓唐必致灵魂。忧烦、惶恐、丧失自信，定使心灵扭曲，意气如灰。

无论年届花甲，抑或二八芳龄，心中皆有生命之欢乐，奇迹之诱惑，孩童般天真久盛不衰。人人心中皆有一台天线，只要你从天上人间接受美

班级篇

55

好、希望、欢乐、勇气和力量的信号，你就青春永驻、风华常存。

一旦天线降下，锐气便被冰雪覆盖，玩世不恭、自暴自弃油然而生，即便年方二十，实已垂垂老矣；然则只要竖起天线，捕捉乐观信号，你就有望在八十高龄告别尘寰时仍觉年轻。

爱你的爸爸

20. 电影本励志，管理退其次

西言：

你和妈妈一样，都有爱看电影的好习惯。的确，这是一个视听技术如此发达的时代，优秀的电影总让我们回味无穷。就如 2015 届的班级电影俱乐部主席徐雨晨所说的：一部励志电影，洗涤内心，增加阅历，陶冶情操；一部深度动画，带来唯美养眼小清新式的视觉体验；一部史诗电影，宏大场面，震撼心灵，让你细细品味人生；一部欧美科幻片，锻炼口语，增加想象力，改变看问题思路；一部奥斯卡电影，丰富知识，理解不同地域文化差异；一部喜剧片，缓解压力，带来一周好心情；一部文艺片，释放泪腺，培养小资情调。所以，电影也就成了我激励学生的有效手段。

我有一个偏爱，每带一届学生，给学生看的第一部电影肯定是《肖申克的救赎》，这是一部爸爸和学生都喜欢并且举行班会课讨论过的经典电影。因为播放时间较长，我们往往会选择某个周日的下午，全班同学沉浸在安迪的精神世界里。看完影片，同学们分享观后感，评析影片中的瑞德、海伍、老布等被"体制化"的人物，从安迪这个"有自己的原则并奉行不悖"的人物身上汲取精神力量。很多经典台词，甚至已经成了学生引经据典的材料，特别是那句"希望是美好的，也许是人间至善，而美好的事物永不消逝"，更是成为我的口头禅。

受学生欢迎的露天电影

班级篇

57

一开始,爸爸并没有意识到电影能如有此好的教育意义。把电影作为激励学生的一种载体,源于寝室管理。2006届的高一(1)班,寝室经常扣分,我不得不采取各种惩罚手段来改善寝室状况,但依然收效甚微,时间长了,往往旧病复发,为此爸爸也是伤透脑筋。没办法,我只好通过问卷调查的方式问需于学生,问计于学生。一位姓翁的同学反馈表上说得好:"老师,惩罚既然没用,你不妨换个方式吧,何不用奖赏的方式呢?"问题是,什么样的奖励方式是同学们所喜欢的呢?班级再次开展了讨论,方式之一就是播放电影。为此,班委会出台了关于寝室进步以电影作为奖励的班规,竟然得到了绝大部分同学的支持。针对寝室状况,班规以循序渐进的方式对同学们获得观看电影这一奖励做出了要求:如果全班八个寝室每月平均扣分在 1 分以内(即总扣分 8 分内),则奖励一场,获得第二部电影奖励则必须每月平均扣分在 0.5 分之内(即总扣分 4 分内),以此类推。神奇的是,除了第一次奖励同学们用了两个月才达到,其他目标,他们都当月就实现,随着寝室面貌的改变,班级风气也得到了改观,班级凝聚力也随之加强。

其实,优秀电影本身带来的教育意义不言而喻,好的电影,就像一道风味十足的精神营养大餐。以下这些影片,基本上是爸爸每届都要放给同学们看的好电影,如《肖申克的救赎》《阿甘正传》《冲出亚马孙》《教父》《魂断蓝桥》《红磨坊》《乱世佳人》《罗马假日》《卡萨布兰卡》《杀手里昂》《天使爱美丽》《泰坦尼克号》《盗梦空间》《国王的演讲》《勇敢的心》《放牛班的春天》《死亡诗社》《当幸福来敲门》《源代码》《三傻大闹宝莱坞》《辛德勒的名单》《大鱼》《忠犬八公的故事》《极地特快》《拯救大兵瑞恩》……爸爸希望你有机会也好好欣赏一下。

爱你的爸爸

21．歌曲能传情，催人更奋进

西言：

　　每年学校的文化艺术节上，看到那些高中生吹拉弹唱，各有禀赋，身为父亲的我一直很内疚，没有让你参加类似的课外兴趣班，正如雨果所说："开启人类智慧的宝库有三把钥匙，一把是数字，一把是字母，一把是音乐。"爱因斯坦也说："我的科学成就很多是受音乐启发而来的。"庆幸的是，你加入了学校合唱团，这样，每次接送你来回学校的路上，坐在电瓶车上的你，也会让我享受到美妙的独唱。有时，家中的浴室也会飘来你美妙的歌声，这时，满脸幸福的妈妈和我就成了你最忠实的听众。

　　同样，一个教室不能光有琅琅书声，还应该有动听歌声。我们班每周的班队活动课上，总会有同学轮流为全班带来他的"好歌赏唱"，他们要么为大家献上自己所喜欢的歌曲，要么为全班推荐旋律优美的歌曲MV，要么组织同学们一起学唱一首中外好歌。而那些美好的旋律，动听的音符，总会给人求真向善催人奋进的力量。

　　有时，我们会在全班征集好歌，并把歌曲进行分类"赏唱"，有些歌曲总是带有时代的特征，不同届的学生总会有不同的喜好，而诸多的励志歌曲则会受到每一届学生的喜爱。诸如刘欢的《从头再来》，汪峰的《怒放的生命》《飞得更高》，零点乐队的《相信自己》，信乐团的《海阔天空》，张雨生的《我的未来不是梦》，张杰的《年轻的战场》等。

　　在班里传唱频率最高的，非班歌莫属。在爸爸的印象中，有些班歌无论是歌谱还是歌词，都是富有才华的学生原创的，而个别班级则就是把某一首歌搬用过来作为班歌。2012届(3)班，把电视剧《还珠格格》中的主题曲《当》作为班歌，一唱就是三年。同学生日会上的规定动作就是唱生日快乐歌和班歌，运动会、篮球赛、班级晚会、毕业晚会等大型活动时大家也一起唱班歌。记得，他们唱着班歌欢送实习老师的时候，同学们跟着大巴车一路送一路唱，唱着唱着，泪流满面。类似场景，往往会在毕业后的同学会场上再现。

和你一样，同学们最喜欢的还是一些流行歌曲，既有国内的，也有港台的，还有外国的。神奇的是，有些歌曲平时也没有看见他们在什么时候学过，但是旋律一出，大家都会唱呢！怪不得有人说，音乐是世界通用的语言。

当然，总会有些同学向全班普及一些古今中外的高雅音乐，诸如贝多芬的《命运交响曲》，理查德·克莱德曼的《爱之梦》，舒伯特的《小夜曲》，肖邦的《圆舞曲》等传世名曲，这些经过时间沉淀下来的经典音乐带给人们的，不仅仅是听觉的享受，更是精神的洗礼。

2015届高一(1)班代表学校参加市艺术节大合唱获第一名合影

某些特定的时刻，同学们也会确定一个主题来欣赏音乐，比如五六月，全班往往比较喜欢分享一些和亲情有关的歌曲，比如陈百强的《念亲恩》，满文军的《懂你》，筷子兄弟的《父亲》，苏芮与潘玮柏合唱的《我想更懂你》。比如2015年9月份，刚好是纪念中国人民抗日战争暨世界反法西斯战争胜利70周年，同学们学唱爱国歌曲的热情空前高涨，《松花江山》《弹起我心爱的土琵琶》《游击队之歌》《歌唱二小放牛郎》《团结就是力量》《保卫黄河》等歌曲，都是同学们一起用心体验过的爱国歌曲。而2008年汶川地震的时候，全班同学每天都在用歌声为灾区祈福，《生死不离》《手牵手》《和你一样》这三首歌曲，即使到现在，每每听见，也会让我触景伤情，泪流满面。

爱你的爸爸

22. 人物显精神，班级力量凝

西言：

首先，请你欣赏一段颁奖词：

她是知识山峰上的攀登者，在半山腰就有了令人羡慕的收获；

她是知识海洋中的遨游者，没有人比得上她这般如饥似渴。

她会边吃早餐边看书，

她会以最短的时间进入最好的学习状态，

她会背着很重的书包来往于家、教室和寝室。

学而不厌，以勤为径；惜时如金，以苦作舟，

但她不是寡言木讷的，

她很快乐，自己创造快乐，并把快乐带给别人。

她会很孩子气地嘟嘴，

她会和翁尔刚开很恐怖的玩笑，

她会发出很爽朗的笑声，

她会昏天黑地地和你聊日本动漫。

她是快乐而又充实的，学习使她快乐而又充实。

学习似乎真的能使她："意似痴，心如醉，昨夜今宵，清减了小腰围。"

这是 2009 届高二(1)班洪诺亚同学所获得的颁奖词，这项名为"感动就在身边"的制度一直在爸爸所带的班级有条不紊地进行着。

评选"感动就在身边"的创意最先由谁提出，至今已不得而知。简单地介绍，它就是一种类似于"感动中国十大人物"评选的活动，每周评选一次，选出五位在这个星期表现突出或是在某些方面具有闪光点的同学，由值周组最终拍板。

"感动就在身边"的颁奖大会是评选活动中最精彩的部分。首先由五位同学对被评选为"感动人物"的同学执笔，编写颁奖词；然后由值周

组长委托某个同学，宣读颁奖词。颁奖活动是轻松融洽的。两年来，这个班级已经营造出了一种活跃而和谐的氛围，向获奖的同学致以掌声已经成为全班人的习惯。颁奖词中不乏幽默风趣的片段，活动也在欢乐中进行。伴随着掌声与笑声，班级凝聚力得以加强，团结向上的活动主旨也得以彰显。

"让每一位同学都拥有展示自我的机会，让每位学生都品尝成功的情绪体验。"这是爸爸开展"感动就在身边"评选活动的主要目的之一。它是一个平台，所有人都有机会在台上展现自己的才华。而在"感动就在身边"评选的过程中也尽量把名额留给那些原本没有评到过的同学。经过几个学期活动的开展，基本所有同学都当选过"感动人物"；同时，得到机会展示自我的，也不仅仅是"最佳五人组"。活动颁奖词的创作群体十分广泛，这种创作留给同学们一些很好的展示文采的机会，许多优秀的颁奖词作品在"感动就在身边"的活动开展中不断涌现，带给同学们极大的精神享受。宣读颁奖词也是展现学生语言艺术的渠道，不同人走上讲台诵读颁奖词，同学们的口才也得到了锻炼。西言，人是需要鼓励的。

爱你的爸爸

附：2018届高一(3)班"感动就在身边"评选活动方案

一、产生过程

第一步：周五，值周组长牵头，与其他小组长联合评选产生人选。

第二步：人选所在组负责安排颁奖词撰写和打印，值周组负责颁奖词宣读，颁奖活动主持。

第三步：周一下午第三节，值周组负责具体颁奖活动，照片影像留存，相关资料张贴。

二、相关要求

1. 每周人物一个月内原则上不重复，月度、学期、年度人物，从每周人物中评选产生。

2.月度、学期、年度人物将颁发奖状、奖品,做成展板。

3.候选人所在组负责组织颁奖词撰写,收集电子照片,宣传部联系做展板并粘贴。

4.推荐方式自荐、他荐均可,推荐对象既可以是个人也可以是团体。

5.获学期、年度人物奖的同学量化考核优先评优评先。

23. 舞台给学生，我做局外人

西言：

相信你知道，我们每周都有一节班会活动课。然而，很多时候，班会活动课都被班主任挪作他用，甚至变成了自修课。在爸爸看来，每周仅有一次的班会课，恰恰是最不能耽误的。

班主任工作伊始，班会课一般都是我"包打天下"，学生却叫苦连天的一节课。为什么呢？因为他们主要是在接受我的训斥和说教：寝室卫生、自修纪律、作业态度、测验成绩……每一项都可以成为我喋喋不休教育学生的理由，有时甚至为自己的所谓口才而沾沾自喜。这样简单粗暴的单向灌输，效果到底如何，想必，我不说你也知道。

后来，我尝试做了改进，不再一味地批评和说教，开始学会点赞班级里好人好事，但由于工作不够深入，所以每周表扬的，几乎都是那些人和事，时间长了学生也觉得乏味。真正做出改变的，是 2009 届，我学会了为学生搭建平台，而自己退居幕后，由此带来的，则是学生对每周班会课的期待。

这是和小组合作管理相配套的举措，每周班级管理组合，在组合组长的协调下，周末精心准备下周一的班队活动。这个班队活动，既有规定动作，也有自选动作，几乎全程由该组合包干。首先是组长的班情总结，对上一周班级各方面表现总结汇报，发现亮点同时指出不足，提出整改意见。接着是组内某位成员为大家带来的"好歌赏唱"，推荐的歌曲，既可以由学生自己演唱也可以是 MV 观赏；既可以是流行歌曲也可以是经典音乐。第三位出场的同学，为同学们推荐的是养心的美文，这在前面我已经介绍过，这里就不再赘述。第四位同学带来的，一般是"一周感动人物"。而接下去的，有可能是"一周班级掠影"：学生用自带的手机或者相机拍下一周以来班级暖心的细节和故事，并呈现给大家。这既像是一周回顾，又是一份暖心的记忆。以上都是规定动作，各个组合结合自己的实际，为大家提供特色活动。比如,有些组合会为大家推荐一些大学及专业;有些为同学们带来才艺表演;有些则把当初流行的一些电视节目搬到教室来,比如《我是演说家》《中国好声音》等。最后留给我的时间往往寥寥无几。一般而言,我主要做两件事:一是对同学们在"半月谈"里提到的共性事情做一个回应,还有就是把学校里一周工作布置做一个传达。

我突然发现,从无微不至到无为而治,做个站在旁边鼓掌的班主任,既解放了自己,也锻炼了学生,何乐而不为?

爱你的爸爸

24. 野外走一走，回味到永久

西言：

如果你问哥哥姐姐们高中三年，哪些事情会沉淀在记忆深处，也许，潘望姐姐会告诉你全班到农村去挖毛笋的趣事，姜许歌姐姐会和你分享高二暑期全班爬九华山的场景，陈孟凡姐姐会告诉你全班同学在山顶露营一宿是多么开心，而叶晓萌姐姐定会和你讲起全班同学沿着美丽的乌溪江绿道徒步二十公里到衢州二中的事情。因为，和同学一起到大自然中去走走，总是一件开心快乐的事。

记得，有几年学校以安全为由取消了外出野炊，惹得同学们郁郁寡欢。我只好找了一个天气晴朗的日子，带着同学们从学校后门溜出去。只是到衢江边走了一趟，竟然也让学生兴奋了一下午。有一年3月底，高三快高考了，在这个季节里，学生是特别容易烦躁的，我很想带学生外出"放放风"，看看田野里金黄的油菜花。原以为大考在即，学生会舍不得大把时间花在学习以外，没想到他们竟然一片欢呼。半天的野外生活，让他们原本压抑的状态得到了些许的释放。在我的班主任生涯中，这样的场景其实是屡见不鲜的。至于学生的感受，则是大不一样的。比如2015届的郑睿颖姐姐对那次山顶露营的感受是这样的。

想象中是一群青春热血的少年迎着阳光攀登，可现实是云雾缭绕，石阶蜿蜒没有尽头。被巨大的登山包压得直不起身子，肩膀酸痛，双腿灌铅，甚至没力气抬头看所谓的风景。那是一种被骗上贼船的无力感，我只盼着马上结束这一切；我承认到山顶时有些不满意。浑身湿透，混杂了雨水、汗水和泪水。可找不到吹风机吹干衣服，找不到像样的屋子洗漱，连厕所都是最原始的。帐篷比想象的小，整夜背上被一根突出的竹棍硌着，睡睡醒醒。半夜起来上厕所，狗对着我警戒地吼，我怕吵醒大家，只得轻轻地回去；我承认下山时一心想着"解脱"二字。虽然理论上讲下山更陡更危险，我却拄根竹竿一路惊险地滑下山，几乎没有休息。下山途中很多人滑倒，还好我有那根"打狗棒"，虽然右手已被磨破。在这不到一天的时间里，我们经历了很多，有很苦很累的体验，比如爬不到顶的山，又比如根本睡不着的露营。但这对我们来说更多的是一次嬉闹，它不能让我们养成像多爬山这样能强身健体的好习惯，更不能使我们领悟到什么艰苦奋斗的大道理。反倒是那看似浮夸的形式及其背后的意义，让他人羡慕到咋舌。浩浩荡荡的车队挺进深山老林。一群即将步入高三的学生像土匪山贼一般盘踞九华山，在山顶干些了什么大事件。也许有人会说这种形式主义太傻，但就像某人说过的，它的意义是留给以后的。相信多年后，回想起来，一个班的同学冒雨爬上九华山，并在上面轰轰烈烈地住了一晚，只因他们有同样天真的喜好和信仰。真是"缘，妙不可言"。

一夜露营后从山顶下来

而2012届的哥哥姐姐们，登山活动结束后，感触是这样的。

张梅傲神：我唯一想说的，即这次出行带给我的，就是这一段令人难忘的回忆。我不敢说永远，但至少很久很久，我都不会忘记那一天所带给我的，所谓无忧无虑，所谓万古长空，所谓青春的欢愉与放纵。让人忘却这些烦恼和压力，真有点与世隔绝涤荡心灵的意味。

陈雯雨：刚下过雨的天空蓝得分外纯粹，云雾缭绕的山顶有一种雾里看花的美，翠竹绿得也格外生动。另外下山后妈妈(及其他几人)问过我太阳山(江山的顶上有庙的高山)和九华山哪个高？我当时没答上来，后来得出结论：太阳山年年爬，早把路线摸得一清二楚，冲着山顶上去，知道前路几何。而九华山在爬的过程中完全不知道自己身在何处，没有目标，感到特别累，也感到特别高。非要刻意引申一下的话，其实无论做什么都是需要目标的。

蔡甜甜：我很少爬山，爬这么高的山更是第一次，当看着友民叔叔在山路上左蹦右跳时，才知道他小时候每天两趟的砍柴之行不是白走的，再难走的路走的次数多了就走得快走得稳了。

方倩如：这一天的行程，用三个字来总结一下，那就是"喜——忧——喜"。先是下个小雨，撑个小伞，吹下小风蛮舒服的，然后是漫无边际的上山下山路，最后回到车上那是喜得不得了啊！好比是用一天感受了一个高三的历程吧，中间必定会有说不清的辛苦，但是只要还看得清目标就不怕，最后肯定也是个美好的回忆。

王嘉旻：其实我们一个个排成"一"字过山顶时，我想到了《音乐之声》中一家人越过高山的结尾镜头，我们貌似没那么伟大，只是在山间小路里穿行，偶尔也聊聊天，拍拍照，前面的秃顶领队也不像上校，可我就是想到了，因为我们也是充满歌声与欢笑的一家人。

姜许歌：其实吧，这真的很像我们平时的学习，刚开始的时候谁都有股新鲜感，学习的积极性高涨，学什么都快，到了中后期，这种劲头就开始跌落，开始叫苦叫累。坚持到底，成了我们成功的关键。

生活本来就应该是有多种味道的，攀登的苦味，流汗的咸味，你说呢？至于野外行走活动的价值，如果没有意义，爸爸怎会一直坚持呢？

爱你的爸爸

四、借力，同舟共济扬帆起

25. 毕业学长，班级文化最好的传承人

西言：

你可知道，开学第一周，往往是班主任最为辛苦的时候。记得大学刚毕业，爸爸就把班主任工作和教学工作一肩挑了，当初没有任何经验的我，忙得如热锅上的蚂蚁。

随着一届一届的学生毕业，爸爸也从中摸索到了些许门道，到了二中以后，每次带新班级，我都会让刚毕业的学生带领新生以最短的时间适应高中生活，实现初高中对接软着陆。

首先，接带新班，让那些"旧爱"欢迎我的"新欢"。每年 8 月初，新高一的班主任手上都会拿到本班学生的名单，之后就是为期半个月左右的家访活动。对于爸爸的学生而言，首先和他们进行沟通的并不是我，而是刚从我班毕业的部分学生。作为同门师兄师姐，他们组成学长学姐团，或根据毕业学校以初中校友的身份，或者根据县市区域以老乡的情义，拉近新老学生之间的距离，通过电话、邮件、QQ、微信及见面的诸多形式欢迎学弟学妹们来到我的班级。由于他们和学弟学妹只相差三岁，年龄相近，因此更容易沟通。那些充满好奇的高一新生往往会私底下向学长学姐打听一些他们急于想知道的信息，而学长学姐们也是热情回应，乐意担当新生适应高中生活的"指路英雄"。他们有问必答、有求必应，诸如初高中学习方法的差异、学校寝室生活的注意事项、开学前的准备工作、班级任课老师的教学风格等，都是交流的热门话题。而新班主任的脾气性格、带班风格、教学

水平等，也是新生迫切关注的。这些学长学姐们，在尽可能真实地把相关信息传递给他们的同时，也会适度为我美言或解释一番，以便让我在新生心目中有一个良好的第一印象。之后他们会把所负责学生的情况反馈给我。这样在对各位学生正式家访之前，我和新来的学生彼此已经有所了解了。

其次，始业教育，让班级文化实现传承。"亲爱的友民的孩子们，很高兴能为你们做些什么，也很珍惜这次向你们娓娓道来三班故事的机会。也许在你看来，我类似流水账的行文及对这些琐碎小事的记叙不能引起你的兴趣，更别提共鸣了。但其实我的每一句话里，都在深深地表达着自己对这个有着无限'人情味、凝聚力、进取心'的集体的怀念和对你们的殷殷期盼……"开学报到的那一天，每位新生都会从学长学姐手中接过一封热情洋溢的欢迎加盟书信，而写信人依然是这些学长学姐，他们以书信的方式展示过去所在班级的特有的文化基因。而在这之后长达一周的军训始业教育期间，学长学姐们的工作也有条不紊地开展，诸如班干部、课代表、寝室长的竞选和培训，班规、班歌、班徽、班旗的征集，每日军训照片拍摄与分享，座位安排，寝室卫生，学长学姐们都指导得非常到位。特别是他们精心策划的两次面向全班的学长报告会，集整个学长学姐团队的力量，为新生们提供了营养丰富的精神大餐。其中，第一场报告为分享高中学业规划、社团选择、学生组织加盟、学习经验等方面的得失与体会，为新生提供了可供借鉴的经验。第二场报告则是围绕着"建设一个什么样的班级和怎样建设一个好班级"展开的，主要介绍的是过去三年他们学习生活的班级所特有的文化元素，以及为此开展的一系列丰富多彩的活动。他们之间那种亲切的氛围，着实让我感动。记得 2012 届的毕业生们，甚至用自己暑期社会活动中做家教赚取的费用每天轮流给学弟学妹买绿豆汤解暑，在感动着这批刚迈入高中门槛孩子们的同时，也使他们在最短的时间里亲身体验和感受到了班级文化。

2012届班长王嘉旻和2015届班干部的对接

最后,学长结对,让沟通跨越时空界限。"来到高一(1)班,我几乎没有太长的适应期,一入校就如同走进家门了。遇到问题,首先想到的是请教学姐夏诗霖,她是我开始高中生活的引路人,我希望三年以后,我也能像她那样就读对外经贸大学,这样,我的初中、高中、大学的求学轨迹,都和她一致了。"这是新生张贝尔和爸爸分享的一段话,夏诗霖是和她结对的学姐,曾和她就读同一所初中。当9月1日正式开学之后,毕业的学生陆陆续续离开了家去上大学,但他们发挥的作用丝毫不比面对面的沟通交流差,因为他们和学弟学妹们开展了结对行动,由一位学长学姐结对若干位学弟学妹,通过电话、书信、网络等渠道,为这些高一新生们提供心理咨询、难题解答,彼此之间传递节日问候和祝福。随着时间的推移,学长学姐们以自己的切身经历,或是成功理念,或是失败教训,有针对性地为学弟学妹指点迷津,排忧解难,在激励着学弟学妹阳光进取、勤奋有为的同时,也在鞭策着自己做学弟学妹心目中最好的榜样,收获着被信任的尊重和幸福。

由于年龄的优势和身份的认同,这种以同龄人影响同龄人的"兵带兵"方式,让新生快速融入了高中学习和生活,这种沟通效果,则是班主任的殷殷教导所达不到的。因此受到了高一新生的欢迎。

　　当然，西言，当你第一次担任班主任时，是没有自己带的毕业生的。没关系，你的身边肯定还有一批阅历丰富的老班主任，他们一定会给你诸多指点。至于毕业的学长学姐，也从这些老班那里"借"几位，又何妨？

爱你的爸爸

26. 课代表，任课老师最得力的助手

西言：

印象中你小学是英语课代表，现在初一是数学课代表吧？不知对自己的工作是否满意？

一直以来，作为学生和任课老师沟通的桥梁，课代表承担的主要是收发作业的工作。学校有三好学生评选、优秀学生干部评选、模范寝室长评选，而优秀课代表的评选仅仅被纳入工作积极分子的范围。如何调动课代表的积极性，真正发挥课代表作用，让课代表成为老师最得力的助手，爸爸的做法始于2009年入学的这届学生。

改革的第一步是从课代表人数的设置和产生办法入手。首先，每门学科的课代表人数由一名增至两名，产生以后进行具体分工协作。其次，率先进行课代表竞选。由于事先做了充分动员，让学生感受到作为一名课代表于公于私于己于人的价值所在，所以学生报名非常踊跃。竞选实行竞选人回避，当场举手投票表决的方式。该学生如果前一学科课代表竞选失利，可继续竞选下一学科的课代表。学科次序安排为语文、数学、英语、物理、化学、政治、历史、地理（因高一没有生物，故空缺），报名不受学科的限制，使得竞选现场热闹非常。有一位姓夏的同学，七次走上讲台才被选为历史课代表。而事后证明，经自主竞选产生的课代表是非常负责和认真的。一位姓杨的历史课代表同时也是班干部，因成绩连续退步，到我这里申请辞去班委职务，但恳请我保留她的课代表职务。从中也可看出他们对课代表之职的热爱和珍惜。

接下来要做的就是引导课代表如何富有成效地开展工作，这才是问题的关键。课代表们主要履行六方面的职责。

一是在老师上课前，前往老师办公室帮任课老师把电脑、教具、书本等课堂教学所需物品搬到教室，下课后同样协助老师把相应物品搬回办公室

2012届语文课代表徐璐辅导2015届的课代表开展工作

或下节课所上班级，让任课老师感受到课代表所提供服务带来的温暖。

二是收发作业的同时，加强对硬性作业的检查力度，检查作业是否及时完成并更正，要求学生先用黑色笔做再用红笔进行更正，并把作业写得不认真的同学的作业交任课老师处理，这类作业适用同学们手中有答案的作业或练习。

三是协助老师进行语文、英语、政治等学科的听写、默写，并指导相应学习小组协助老师批改听写默写内容。为减轻批改负担，学习小组轮流批改，并获得相应量化考核加分，然后把结果反馈给老师和常务班长，常务班长对听写默写结果进行量化考核并汇报给班主任，由班主任采取相应的整改举措。

四是指导学习小组批改作业的客观题或填空部分，并把同学们典型性的错题汇总给老师，老师针对实际情况进行相应讲解。

五是进行错题难题汇总。由个人把近段时间作业上的错题难题报给学习小组组长，组长汇总给课代表，课代表交给任课老师，由任课老师针对实际情况进行释疑解惑。

六是协助纠错考试。同样由学习小组将错题汇总至课代表处，课代表汇总给任课老师，在任课老师指导下整理成试卷并组织考试，指导带领学习小组批改,把结果反馈给常务班长和任课老师,常务班长进行量化考核,并汇报给班主任,纠错考试主要在数学、物理、化学三科开展。

在此基础上,全班讨论通过了作业申请缓交免交制度。作业缓交主要针对出现突发情况和基础相对薄弱的同学,允许学生缓交并鼓励同学直接交给任课老师,由任课老师面批面改。作业免交主要针对本学科基础较好的学生。从作业的实效性和节约时间的角度,这本身是对学科优秀同学的肯定和鼓励。

每次大考结束,课代表均会针对班级实际情况汇总同学们的建议和意见,写一封简短的信给任课老师,并附上希望和老师交流的学生的名单,供老师有选择地与同学单独交流,老师生日和教师节那天,课代表会组织全班同学在上课前五分钟为老师庆祝节日,送上富有特色的生日祝福或节日颁奖词。

到了2012届,爸爸觉得课代表这一称号已经不能恰如其分地表达出他们在学习生活中的地位,就又给课代表一个新的荣誉称号,称为教学助理。简而言之,他们是任课老师教学上最好的帮手。

教学助理不一定是本学科成绩最好的,但肯定是最负责任的。爸爸班的教学助理们的工作几乎赢得所有老师的称赞,更对班级的教学和谐相长做出了应有的贡献。同时,经政教处同意,在各班评选优秀课代表(学校称号没变),让课代表和三好学生、优秀班干部一样,成为学生最为珍视、最有分量的三大荣誉称号之一。

希望你也是一位优秀的教学助理哦!

爱你的爸爸

27. "三名工程"，素养浸润最厚重的载体

西言：

　　你可能会诧异，什么是"三名工程"？班级的每一位同学都要在高中三年里利用节假日时间，阅读中外名著，游览名胜古迹，参观中外名校，美其名曰"三名工程"。其实，这也是小学老师的要求，为什么到了高中，爸爸依然如此关注呢？只因为当下的升学考试，已经把你们训练成了刷题的机器，却忘记了那些分数以外的素养的重要性。所以，我们班的开学班会上，就有了这样的系列活动。

　　名著阅读分享。每位同学将自己假期阅读过的一本名著的收获做成课件，和全班同学分享自己的读后感。2012届徐璐姐姐撰写的《红楼梦》读后感，无愧于她语文课代表的身份。

　　在太虚幻境薄命司，她的判词是这么写的：勘破三春景不长，缁衣顿改昔年妆。可怜绣户侯门女，独卧青灯古佛旁。

　　画上是一个美人，在一座古庙内看经独坐。

　　在黛玉初见到贾府的女眷们时，她尚是个"身量未足，形容尚小"的雏儿，彼时曹公尚未写出她的任何思想和性格，且读且思，认为她是个不谙世事的小姐，是一片纯洁的净土，她工于绘画，曾作《大观园行乐图》；她的闺房名暖香坞，室如其名，暖香拂面，沁人心脾。曾以为，她一定会长成一名圆润娇柔，温厚可亲，不带棱角的大家闺秀。

　　她是贾惜春，贾府四艳中的最末，宁国府贾珍的胞妹。他们的父亲贾敬醉心于道家之术，无心过问家中之事，母亲早逝，宁府又着实是个污浊的世界，贾母爱女孩便将其接到身边照顾。读到她的结局我才恍然大悟，她一直都如她的名字般，是个冷僻，犀利，思想早熟的少女。曹公说她"虽然年幼，却天生成一种百折不回的孤独癖性"。通观红楼全书，只有她，是真的冷，她的冷甚于林黛玉的外冷内热，甚于薛宝钗的高洁自傲，甚于妙玉的

目中无人,她冷得很决绝,不留任何余地。甚至连贾探春都说她,孤介太过。

她的冷和绝情在抄检大观园中表现得淋漓尽致,一向带着怜悯之心读贾府四艳的我居然感受到了她的可憎。她铁下心来撵走入画,只因为她想证明自己房内存有的贾珍赏给入画哥哥的财物与自己无关。当连凤姐都忍不住求情的时候,她却丝毫不为之动容,对一个平日里伴她左右的贴心丫鬟,她却说出了"或打,或杀,或卖,我一概不管"这样绝情的话。她的冷言冷语中,的确是种固执的可憎,她的自私,在她决绝的语句中体现得非常透彻,她说,"我只知道保得住我就够了,不管你们。从此以后,你们有事别累我"。

如此不近人情的话语,竟是从那个暖香袭人的女孩嘴里说出的?她是否已经真的毅然决然地和这个世界划清了界限?起初,这一番话语引起了我极大的愤懑,我认为她并没有负起一个大家闺秀应有的担当,她就这么把责任推得一干二净,她就这么把昔日的情谊割断得不容商榷,似乎她不愿再与任何一个人,一件事情有任何瓜葛。

但是,掩卷细想,惜春正是看透了宁国府的脏脏不堪,才会对这件事反应得如此激烈。宁国府内夜夜聚赌,断袖成风,如此乌烟瘴气,惜春一定是也风闻了不少,于是她才会公开断绝和宁国府的关系;她想来贾珍与入画的哥哥绝非正常的主仆关系,然而她的精神世界岂能容得这么龌龊下流的事物存在,于是她才不愿再多留入画。在面对最为冷酷的现实面前,只有做到心冷口冷,才能保护自己一息尚存的温热。

原应叹息。元春"虎兔相逢大梦归"而死于深宫;迎春这"金闺花柳质"却"一载赴黄粱";探春"千里东风一梦遥"地远嫁。在一个接一个的不幸面前,惜春终于开始逃避现实,她开始变得麻木不仁,她不再表达自己的情感,她的青春逐渐变得僵硬无神。最后她遁入空门,披缁为尼,以告慰自己的破碎的灵魂。正是应了薄命司那一句:勘破三春景不长,缁衣顿改昔年妆。

有人说，最小堪怜贾惜春。她出生最晚，待她长成一个如花似玉的美人时，她的成长，一路经历的都是没落和衰败，她不再有勇气面对这个几近凋零的世界，因而她一直用固执和冷傲来保护自己。在她走投无路的时候，她只有投入佛门，陪伴着青灯古佛，了却自己无望的生命。

我想，惜春之异于王熙凤、薛宝钗的，是她对很多事一直是看得透的，她学不会处世的圆滑，只因她天性就是这么尖锐和利落；惜春之异于妙玉、林黛玉的是，她会尽力融入这个环境，只可惜到最后她发现现实于她是何其的吝啬。惜春在大观园中是个特殊的女孩子，她的想法和行为看似不可理喻实则充满了无奈和悲伤。我静静想着，在时光的这一头看那时的她，看她在滚滚红尘中兀自行走。她的故事没有风月情浓的爱恋，只有对命运无奈的控诉。她的那枝画笔，最后的描摹一定是一副凄凉的春景，画是惜春。

是可谓：将那三春看破，桃红柳绿待如何？

在图文并茂的班会"那些我游览过的名胜古迹"上，有些同学的介绍简直让全班同学身临其境，因为每一个名胜古迹的背后，都有一个或悲壮或美丽的故事。

提前让同学们参观大学校园，拿现在的时髦话来说，其实就是让学生及早进行生涯规划。如果你喜欢浙大，不仅仅是要参观浙大校园，更关键的是要了解浙大吸引你的那些元素，比如专业设置、就业状况、优秀校友……让高中生提前参观大学名校，也有激励同学们的意图在其中，希望他们能通过自己的努力升入理想的大学就读。西言，也希望你将来能梦想成真。

爱你的爸爸

28. 任课老师，班级和谐最好的润滑剂

西言:

曾经你很纳闷,为什么表扬许歌姐姐数学考试进步的,不是她的数学廖老师,而是语文李老师? 这可是爸爸很有效果的一招,让我和你讲几个故事。

有一位姓吴的同学,她在"半月谈"里表达了对我的肯定。受到学生的表扬,我的虚荣心也小小地满足了一下。在接下去的内容中,她明确告诉我,其实她最欣赏的并不是我,而是历史宋老师,不仅喜欢上宋老师的历史课,而且也崇拜宋老师敦厚善良低调的为人风格。我马上把该同学对宋老师的由衷赞美拍照发给宋老师,并委托宋老师帮助我处理一件事情。原来,这位来自农村的女孩英语一直上不去,英语老师对她多次鼓励,但都收效甚微,身为班主任的我亲自上阵多次,也是效果不佳。毕业于浙大的宋老师,不仅历史教得好,英语也是顶呱呱的,我在想邀请宋老师去激励她如何学习英语,是否效果更好呢? 事后的结果证明,我这招数还是挺管用的。当身为历史老师的宋老师和她交流英语学习的心得时,吴同学是惊讶的,甚至是颇为感动的,她在宋老师的指点下加大了英语学习的投入,到了高三英语成绩也有了起色,而这,归功于宋老师,因为宋老师可是她心中的男神啊! 这不是和让你所喜欢的明星易烊千玺鼓励你一样的道理吗?

2012届的班里有一个粉丝团叫"向日葵部落",他们都是语文老师李向阳的忠实粉丝,李老师不仅书教得好,人品也没得说,是一位充满人格魅力的老师。"是李老师的赏识让我不仅对语文学科充满了学习的乐趣,更对数学学习的艰难挑战充满着信心,这就是我留下来选择文科的最大理由。"这是一位姓朱的女生在高二文理分科意向表上阐述她选择文科的原因时写的一句话,她最喜欢语文,但数学一直不佳。数学老师也多次帮她分析原因,作为班主任的我更是苦口婆心加强引导,但收效甚微。后来,我

针对该生对语文学科的强烈兴趣及对语文老师人格魅力的尊崇，求助于语文老师，并表达我和数学老师对她的信心和期待。果不其然，正是在语文老师恰如其分的表扬和积极的鼓励下，该生树立了学好数学的信心，高考数学考了128分，实现了自己进重点大学的目标。因为亲其师，所以信其道。这部分同学的问题，无论是需要鼓励的，还是需要鞭策的，抑或是表扬的，只要李老师一出手，效果不知道比爸爸这个班主任好多少，以至于后来他们毕业了，电话里调侃："友民，最近向阳在学校吗？如果在，我回母校看望他，顺便来看看你。"

到了衢高，班里竟然拥有两位女神级老师，身为衢州市英语名师的范俊燕，她的教学的态度、能力自不必说，更可贵的是五十多岁的她依然充满着青春的活力，拥有一颗充满童趣的心灵。有一位杨雯姐姐，就是因为她而改变了对英语的学习态度，从而大幅度提升了成绩。这样的同学不在少数。化学老师李敏君，毕业于著名的北京师范大学，儿子就读于复旦大学，深厚的教学功底加上她谦逊的为人、和蔼的态度，一度几乎让全班同学都选考化学去了。一位好老师，就这样影响着一批又一批的学生。

西言，我很庆幸，每带一个班级，都有那么一批深受学生喜爱的"明星式"老师，协助我陪伴好班里的学生。

爱你的爸爸

学生眼里的数学老师贾林义

29. 家长，学生成长最真诚的同盟军

西言：

你听说过"家长督学"这个称呼吗？这可是爸爸在衢高的原创。对于建设和谐的家校关系，我一直是高度重视的，也一直尝试借助家长的力量来提升班级管理实效。

每周一次"家长督学"，邀请部分家长晚上来到学校。至于家长的使命，我把它归纳为四点：寻找亮点给点赞，发现不足提建议，家校交流聚共识，督管纪律提学风。家长在朋友圈和班级微信群中的点赞，成为我激励学生最好的资源；家长在督学过程中发现的诸多不足，则是我需要进一步改进之处；家长和老师事先约定的交流，为家长更深层次了解孩子在校学科学习状况搭建了平台；家长的义务巡查也是对晚自修纪律的有力督促。

聘请家长来校做"家长督学"

每月一次"家长体验"，和孩子一起过一天校园生活。从早上起床开始，家长和孩子一起吃饭、上课、自修、跑步，直至孩子回寝室熄灯晚就寝。这样的体验无疑是有价值的，家长感叹自己仿佛回到了学生时代。一方面，我们借助家长进校进班来提升班级建设；另一方面，也让家长看到了孩子原生态的校园生活，了解了自己孩子常态化的学习生活，增进了亲子之

间的理解。

每月一次的跨越时空的"家教故事会"。许多家长在养育孩子的过程中，有着诸多成功的经验或失败的教训。如何让更多的家长从中受益？讲故事远比说教更能深入人心。"讲述育儿故事，凝聚家校共识"，从传统的教室家长讲坛，到后来的 QQ 群故事分享，再到如今的微信群平台；从开始的漫谈式讲述，到现在的主题式探讨；从当初的单向式讲述，到如今的互动式沟通，我们也在与时俱进。都说一个人的力量是有限的，但是一位位可敬的家长，一个个真实的故事，一颗颗炽热的爱子之心；家长影响家长，家长帮助家长，借用别人的智慧来服务自己的孩子。而我，只是为他们搭建了一个分享互动的平台，让一群人在相互交流的过程中共同成长。

半学期的"家长问卷"。我们设计调查问卷，把耳朵贴近家长的嘴巴，倾听家长的声音，问计于家长，问需于家长，合力解决班级建设中遇到的各种问题。

一学期的"家长测评"。老师教得怎么样，我们自己说了不算，学生说了算，家长说了算。我们让家长学生评选"上课最认真老师""批改最认真老师""辅导最认真老师"；评选家长学生心目中的"最满意任课老师"，请家长为老师颁奖，借助家长来激励教风提升。

接下去，准备借助家长的力量，组织开展学生的"周末学习小组"活动，家长"来做一天班主任"活动，家长"讲述我的成长故事"活动……不断开发家长资源，致力于把家长、学生、老师三角形变成同心圆。

其实，我们不仅把家长请进来，还通过走出去寻求家长的协助。校友寻访、职业体验、社会实践、徒步毅行等活动，背后都有家长的身影。

从妈妈对你所在班级活动的参与，你是否发现，家长是班级建设最为可靠的同盟军？

爱你的爸爸

30. 旧时师长，砥砺前行的推进剂

西言：

在你长达十多年的幼儿园、小学、初中的学生生涯中，相信总有一些老师给你留下了深刻的印象。而我发现，初中三年的班主任往往是学生特别感恩的，因为正是有了初中三年的努力学习和老师的悉心指导，这批学生才在激烈的中考竞争中脱颖而出，考入了衢州二中，他们彼此之间都留下了美好的回忆。如果继续发挥初中班主任的作用，就可以有效形成合力，助推学生成长和进步。

向初中班主任了解学生情况是爸爸经常使用的一招。每次新带高一，我都会要求学生把自己初中班主任的姓名和联系方式填在信息表中。暑假里家访的时候，除了通过和家长及学生本人的接触来了解新生之外，我经常做的事情是打电话给新生的初三班主任，了解该同学在初中三年的各方面表现，综合家长、老师和本人三方的评价之后，也就对该学生有了一个初步但又比较详细的了解，在安排临时班干部、寝室长等职务时做到胸中有数，以便于开学工作的顺利进行。

把学生素质报告单寄到初中班主任处是我在学期结束做的一项工作，升入高中，学生思想上发生了各种各样的变化。有的认为高一该好好休息一下，失去了往日的斗志；有的因为面临更激烈的竞争而动摇了往日的自信；有的因为不适应高中的学习生活而沉湎于怀旧情绪中难以自拔。如何让这些曾经的佼佼者重拾信心，无愧于自己优秀初中毕业生的辉煌，我想到了激励他们的一招：把素质报告单分成一式两份，一份寄给家长，另一份寄给学生的初中班主任。当然，这项工作我早在开学不久就在班里宣布，并告诉学生们："在你们初中班主任眼中，你们是老师的骄傲，是身边同学的榜样，你们的老师相信他的得意门生迈入高中门槛以后自然会保持健康、自信的积极人生态度。从今天起，我要把你们在二中各方面表现积累登记，学期结束以书信的方式寄给你们敬爱的初中班主任，让他们也来分享和见证自己的优秀学生在二中的成长和进步。"为此，我以写信的方式设计了素质报告单的格式。

一听说我要写信给初中班主任，大部分学生都跳了起来，有学生笑骂我"阴险"，说我就要故意出他们的丑，揭他们的伤疤，但随后的学生表现告诉我这一招真是管用，学生们明显变得积极主动、勤奋进取，他们不想让自己初中的班主任因为自己在高中的表现而失望。

"郑老师，非常感谢您的创意安排。我女儿没想到从前的老师依然时刻在关注着她，依然记得当初她在学校时点点滴滴的优秀表现，她流下了幸福激动的泪水。"这是我在 2012 届高三"十八岁成人仪式"活动后收到的一则家长短信。事先，我布置给所有家长一个秘密的任务，请家长找到孩子的初中班主任，告知孩子现在的学习、生活状况，请初中班主任写封信给他三年前的学生，作为十八岁成人仪式上家长给孩子的神秘礼物。当这封信在成人仪式上作为神秘礼物由家长递给学生时，大部分学生看后都哭了，他们没想到自己三年前的恩师依然关注、关心着自己，并不断给自己传递着正能量，这批早已厌倦了父母和老师的唠叨的孩子，无不重拾信心，奋勇前行。

发动初中班主任写信激励自己的老弟子是我在高三时采用的方法。在当下各种活动已被学生厌倦乃至逆反的时候，怎样的活动才能打动学生的心灵，真正起到实效？老师的教导，父母的书信，都已经被学生视为习以为常，所以这时，我就又想到了我的那些好朋友——学生的初中班主任们！

外出开会时只要遇到学生的初中班主任，我都会请他们对昔日弟子说上几句，一个视频，或一条短信，抑或是写在纸上的一段话，都是对学生一种暖心的关怀和激励。西言，你还记得那些纸条吗？

爱你的爸爸

附：寄给初中班主任的素质报告单

尊敬的老师：

　　您好！

　　正是在您的悉心呵护下，您的学生以优异的成绩迈入了衢州二中的大门，成为一名令人羡慕的二中学子。为便于您继续关注和见证我们共同的学生成长中的点点滴滴，现将孩子一学期以来的情况向您汇报如下：

＿＿＿＿＿同学高一上学期表现反馈

担任 职务	
参与 活动	
获得 荣誉	
自我 总结	
综合 评价	
学期 成绩	

郑友民

31. 外校学子，见证优秀班风的喝彩者

西言：

相信你会怀念小时候，每天在 2018 届高一（3）班晚自修学习的场景。在那里，你认识了班里几乎所有的哥哥姐姐，也得到了来自哥哥姐姐们友善的帮助，养成了安静自学的好习惯。爸爸在为你欣慰的同时，还要感谢你，正因为你每晚的陪伴，让班级变得更加安静；对于全班同学来说，你就是来自市实验学校的观摩代表，来感受衢州二中良好学风；你还是他们班主任的女儿，来感受高一（3）班良好的氛围。"四周静悄悄的，没有一点声音。这是在哪儿？原来是二中高一（3）班晚自修的教室，班里每一位同学都在低头奋笔疾书，没有人讲话，也没有人东张西望，最大的声音莫过于翻书。只看到他们一本一本翻阅，一本一本做上笔记，有的在笔记本上一遍又一遍地计算，有的用手托着脑袋咬着笔头，仿佛在思考什么。同学们一个个专心致志，让坐在后面的我连大气都不敢出，呼吸轻轻地，慢慢地，生怕发出一点声响搅乱了那么好的学习氛围。"我把你"每日一记"里真诚的赞美读给全班同学听，把你晚自修不敢在教室里咳嗽的情况分享给全班同学，这些都是对他们由衷的鼓励，远比爸爸苍白的说教更有效果。

我是特别喜欢邀请外校的学生来学校观摩体验的。记得有一次爸爸在浙师大开讲座，会后师大法政学院雷院长对二中良好的学风赞不绝口，恰好她儿子所在学校放假，爸爸马上邀请她儿子来衢州二中和我 2012 届的学生共同生活了两周，她儿子临走时还留下了一封信。部分内容是这样的："我通过在衢州二中的这十天里所经历和感受到的事情和氛围便能知道衢州二中是多么优秀。虽然，我并没有走遍衢州二中的每个角落，但仅仅是这些主要的场景便能给我以自然的清新感和浓厚的文化氛围。绿树成荫的校园给人以无限的活力与惬意，各具意义的建筑名称督促着同学们不仅要努力学习科学文化知识，更要做一个品德高尚的人。只有品学兼

优，才能真正成为社会的栋梁。良好的校园环境也造就了良好的学风，在我所接触的同学中，就带有这种勤奋学习、刻苦钻研的学风。我想不仅是他们拥有这种学风，这种心无旁骛遨游书海的学风也弥漫在衢州二中的每一个角落。'淡泊以明志，宁静以致远'，良好的校风学风熏陶着每一位衢州二中的学生，使他们更加优秀。"

还有一次，我到义乌给全校老师作讲座，会后又邀请了一位义乌中学的优秀学子来到爸爸班级生活了一周。几乎每年我都要邀请石梁中学初三学生周五来到二中过周末，可以和高中生一起晚读，一起晚自修，一起就寝，一起晨跑，一起早自修，等到哥哥姐姐上课，他们抱着书本走进二中图书馆，遨游在书海或者题海中。

来我班体验的外校学生（男）

邀请外校学生来体验，更大的深意还在于，借助校外学生的体验来进一步提升班级的学风。当一位学生，一个班级，一所学校，成为别人学习观摩的对象的时候，这对他们，既是一种信任，一份荣誉，也是一种使命。这激励我的学生做得更好。

爱你的爸爸

32. 小组成员，共同提升的互助者

西言：

在班级管理方面，爸爸从未停止过利用小组合作来提升管理实效的探索。从十多年前的"追梦组合"，到之后的"伙伴互助联盟"，直至如今的"成家立业行动"。一路摸索实践，走了许多弯路，也收获了许多成长。

变安排为选择，组建充满活力的小组。最初，我采用的是简单易行的统一分组方式。在考虑学生性别、性格等因素的前提下，我亲自全盘做好分组安排。但结果证明，这种做法显然违背了学生内心的需求和愿望。

也许正如李希贵老师所说的，我们的教育为什么如此乏力？这是因为校园里缺少了选择。于是，我尝试做出改变，把选择权还给学生，让他们在更大范围内去寻找志趣相投的盟友。为尽量避免部分学生被冷落的尴尬现象，同时保证组内成员结构的丰富性，经过全班协商，我们制定了四条原则，要求小组构成必须满足其中的两条：组合内必须要有来自农村的伙伴，必须要有异性同学，必须要吸收非本寝室成员加盟，不能全都是同一所初中毕业。当团队组建的主动权回到学生手中后，他们的积极性就得到了有效的呵护，寻找同伴之路俨然成了相互沟通、创设共同愿景的过程。

当所有同学都"名花有主"之后，全班隆重召开小组成立大会，邀请任课老师和组合家长代表一起见证。每个组合把他们自己协商形成的组合文化（如组名、组歌、组训、组规等）通过小品、演唱等生动活泼的形式展示给全班同学。这些文化是小组全体成员自己约定的，所以他们倍加珍惜。我用相机记下这些珍贵的镜头，制成展板贴在教室，并留存在每一届学生的班级史册中。一则外国谚语告诫我们，人生是一枚硬币，一面是选择，另一面就是责任。只要你选择了，你就要为此负起责任。其实，它也同样告诉我们另一个道理，给学生选择的余地，他们更容易找到自己的责任。

变控制为服务，把班级管理变成一件快乐的事。当我尝试把班级管理

2015 届高一（1）班的互助合作小组成立展示

的主力由班干部下移到小组之后，班级工作展现出来的条理性和有效性是我所始料未及的。各小组内分工明确，把干部单干变成了小组合作。从学习到生活，从寝室到教室；无论是座位调整、卫生打扫，还是活动策划、成绩评定，都是以小组为单位来开展。

但是，刚开始的小组合作管理场景，并非是爸爸所期望的。值周管理小组的成员俨然成了我的替身，动不动就用各种从我那里学来的如扣分、扫地、跑步等惩罚措施，由此带来的当然是同学之间人际关系的紧张。尤其是周一的班队活动课，他们原封不动地沿袭了我的"光荣传统"，把班会开成总结会、批判会、说教会，组员轮流上台，喋喋不休地讲着那些同学们已经熟悉得不能再熟悉的道理。

当我不断旁观这些行为的时候，曾经作为当局者的自己羞愧不已，也充分认识到了发生在自己身上的诸多违背教育规律的做法。

由此，我们开始尝试改变，从自身需求出发，从能做的事情开始，组内进行合理分工，轮到值周管理的小组时，把部分分配给相关同学的任务收回，变成了自己服务他人的机会。

首先，我们尽可能地将管理的岗位开发成服务的课程。每个轮到值周管理班级的组合，总会想方设法开展一系列充满温情的活动来增强班级凝聚力，教室里也就有了这样一些场景：在本周的管理小组里，你会看到有人负责分发牛奶；有人负责去传达室拿信件；有人帮忙烧开水；有人每天用相机记录班内令人感动的细节；全组为本周生日的同学策划别开生面的生日会；甚至有人策划开展"夸夸我身边的好同学"活动等。有一次，轮到"丝享者"组合（即丝丝毫毫都要和同伴分享的意思）时，他们发现同学们经常有人感冒，就为班级配备一个了装有创可贴、感冒冲剂等常用药的简易小药箱。之后的教室里，陆陆续续有了煮蛋器、海绵拖把、微心情语录本等（后来发现要涉及费用，为避免攀比，我们统一了意见，都用班费支出，同时为相应小组或成员颁发"班级服务金点子奖"）。特别值得一提的是每周一的常规班队活动，小组成员更是各显神通，为全班同学奉献诸如养心美文、好歌赏唱、好书推荐、电影介绍、大学专业介绍等精神大餐。经过一段时间的调整，这种变管控为服务的做法，关注细节、关注人心的工作方式，让同学们感受到的是被服务的温暖而不是被控制的痛苦，教室内的人际关系状态也慢慢发生了改变。

其次，我们致力于为惩戒注入柔性的情怀。曾有人担心，当班级的管理从控制转向服务后，应有的管控是否会弱化？惩罚教育是否被淡出教室？在这方面，我很认同马卡连柯的观点：在必须惩罚的情况下，惩罚不仅是一种权利，而且是一种义务！只不过，我们需要的是尽可能以学生可以接受的方式来处理，在惩罚的方式上增加一点点人情味，当然，我们绝不能放弃原则。所以，轮到班级管理的小组，不再像之前那样较真，只要同学一违反班规，就迫不及待挥舞着惩戒大棒，而是有了一些积极的变化。他们借鉴了衢州市交警部门对轻微交通违章行为采取的"首错不罚，改过免责"的执法手段，采取了首错免责方式，以提醒、倡导替代了冰冷的惩罚。他们视违纪原因不同而区别对待，所以，无意犯错和故意为之得到的惩罚是不一样的。他们分析违纪带来的不同后果而采取相应的措施，给他人带来伤害的错误显然要比只影响自己的错误后果更严重，需要负担的责任当然也就更大。而对于处罚的手段上，也是尽可能给被处罚学生以选择的余地。以晚就寝吵闹为例,违纪者可以选择三种惩罚方式之一:熄灯后陪同寝室管理老师巡视全年级寝室、协助图书馆管理员整理借阅书籍、每天通校回家一段时间。通过奉献或体验的方式来促使违纪同学内心的触动。尤为可贵的是,对于部分被处罚者,管理小组的同学采取了陪伴的方式,以消除因为处罚而带来的后遗症。曾有违纪同学选择为教学楼管理阿姨清理垃圾桶一周,但是,在那一周里,人们天天看到的却是两位同学一起在教学楼四个楼层八个桶边清理垃圾的身影,至于谁是管理者谁是被惩罚者,外人难以辨别,其中的那份温暖也只有他俩自知。毕竟,我们不是为了让同学蒙羞而提出惩罚的要求,我们的目的是培养主动承担责任的意识。

再次,我们尽可能尊重班级少数人的合理诉求。少数服从多数原则是我们最习惯使用的,但尊重少数人的利益才有可能让班级管理更温馨更和谐。这就有了申请晚自修去图书馆自学、申请早自修到校园里朗读、申请不同的作息时间、申请某门学科作业迟交、申请手机带到学校使用等一系列现象的出现,与原来的一刀切的管理模式相比较,显然增加了管理的难度。但是,被信任是一件幸福的事,正是因为尊重了少数人的诉求,所以他们倍加珍惜。而对于违背承诺的同学,他所承担的则是信任危机,由此带来的是此类相关待遇的丧失。

然后,我们提倡尽可能减少发号施令,增加倾听、对话和协商。往往,我们在中学时代非常反感老师的一些专制做法,而如今,身为教师的我们又变身为自己曾经讨厌的那种人,更为不幸的是,我们竟然把这种方式也亲手传授给了自己的学生。实际上,唯有平等沟通,教育才有实效,而学生之间,何尝不是如此?我印象很深的一件事是某一周班级跑操得了倒数第一,这既让本周的管理组合甚为自责,也使下一周的管理小组倍感压力。虽然,责任并不仅仅是管理者的,背后是全班同学的态度使然。但是,令我深深感动的是,他们两个组合联合起来商讨对策,全班同学开展对话、协商,经过两周的努力之后,班级的跑操整整八周列在了年级第一。由此看来,多一点平等的沟通,少一点彼此的抱怨，教室的管理生态会变得更为和谐。

最后，我们致力于淡化分数的精确考评。评价是管理活动的导向性环节，我们借鉴学业水平考试等级划分的做法，坚持将各小组工作明确为一个基本的标准，大家能够做到那些基本的规范即可，无须分分计较并排出第一到最后的名次。成为全班同学心目中最佳的组合，可能并非仅仅一个，也不取决于该小组的学习成绩，往往由这个团队对班级建设影响力的大小决定。这些指标由管理与服务态度、活动开展的效果、班级创优成效、小组率先垂范情况、本周工作亮点等五个方面构成，而这些指标，没有必要也不可能每一项都是可以用分数来衡量的。只有当服务成为班级管理的常态，那些居高临下的姿态、教训的口吻、简单化的惩罚等管理文化才会无法在这样的班级里藏身，取而代之的是尊重、对话、沟通、合作，共同成长。

变对手为队友，收获一个个幸福而奋进的团队。正是这种基于学生自主选择伙伴的方式，让更多志趣相投志同道合的学生走到了一起，他们因此而倍加珍惜和呵护这份同伴之情。同样，正是这种基于服务的小组合作管理模式，让学生在服务他人的实践体验中感受到了团队协作的力量。那些来自管理组合，由班级评选出的"每周服务之星"和"每月服务之星"，我们都会将他的事迹和照片展出并贴在教室走廊的橱窗内，来来往往看到的不仅是本班同学，还有路过的其他班级同学和老师，也让被评选出的同学收获助人为乐的幸福。大家坚信，一个人虽然可以走得更快，但是要想走得更远，只有和一群人一起走。由小组合作的模式来管理班级，由此建立起来的同学关系更多的是人生路上的队友，而非单纯的学习竞争对手。宽容和谐与健康向上的班级生活代替了睚眦必报、斤斤计较、相互猜忌的人际关系，由此收获的，当然是一个幸福温暖的团队和一个和谐奋进的班集体。

现在看来，当班级"管"得过多而"理"得不足之后，弥漫在教室里的只能是负面的情绪而非彼此信任相互理解的和谐状态。西言，你觉得呢？

爱你的爸爸

33. "娘家"，薪火相传的"加油站"

西言：

来到衢高，面对两所校情截然不同的校园，如何当好衢高班主任，这对爸爸来说，其实是一种挑战。而我在想，教育要让学生有切身的体验，有发自内心的感悟，要触及学生的心灵。学生最信服的，往往不是老师的说教，而是同龄人的言行；让同龄人影响同龄人，这本身就是最好的工作方式。这时，我想到了一笔可供利用的资源，那就是学风很好的"娘家"——衢州二中，借衢州二中之力，助衢高班级建设。现在回忆起来，具体是这样分步实施的。

为提升首次见面效果，把第一次见面放在了二中。我分批次电话联系学生，请他们到衢州二中来，实现我们师生间的首次"约会"，告诉他"我和你一样，都是衢高大家族的新成员。当我拿到班级名单后，我就想尽快熟悉你，好让我知道即将面对的是一群怎样可爱的学生。而我将如何陪伴自己来衢高的这批人，走过三年高中生活，为你奠基人生，成就未来"。而最重要的是，"我有一个强烈的愿望，期待你因为我的存在而充满激情和斗志，建设一所精神特区，你我做一个昂首挺胸的衢高人。为此，你愿意和我一起努力吗"？教育，就是激励、点燃和唤醒，当这批学生，发现班主任竟然有这样一种神奇的想法，也都燃起了对高中三年学习生活的希望。

为尽快形成奋进的学习氛围，开学之初我们开展了"体验一天二中生活，做一回二中学子"活动。某个周五下午，我带着全班同学来到二中，和二中学生一起晚读、晚自修，观摩他们的晚就寝、早起、早读、晨跑。当学习的榜样就在自己身边，体验的效果比我苦口婆心的说教不知道要好多少。更关键的是，周日下午回到衢高，我们开展了长达三个小时的主题班会，每位同学分享自己的感受。大家意识到：唯有好习惯才能成就自己的人生，唯有好氛围，才能全班一起前行。同学们纷纷提出自己的行动计划，我们凝聚共识，在全班开展"21天养成好习惯"行动，"让明天的我，感谢现在努力坚持的自己"活动，并在年级大会上分享了二中之旅的收获和班级建设的举措，邀请本年级的同学来到自己班级体验观摩，让好的学风在校园传递。

为巩固好习惯的养成效果，我们在国庆期间开展了"我在二中过国庆"活动。通过事先交流，我了解到这些学生初中时的假期，基本上都是在手机和游戏的陪伴下度过的，这让我深感忧虑，如果不及时巩固班级良好的氛围和大部分同学勉强养成的好习惯，定会前功尽弃。怎样让他们"远离手机，拒绝游戏"呢？我发出了全班同学"在二中度假"活动，说实话，有些学生是极不情愿的，为此，我为每位学生办理了只有二中学生才有资格拥有的"校园出入证"，并天天去二中图书馆看望他们；每天晚上的家长微信群，则是每一位同学分享的一天二中"度假"心得。夏雨姐姐在国庆放假的第五天是这样写的："今天，在我的不懈努力下，终于将所有的作业都扫尾了。二中真的很好，我想我已经爱上二中的学习氛围了，我会继续坚持，希望自己在我们一班也能做到像在二中这样的学习状态和效率。在得知以后周末假期都能去二中图书馆自习，我感觉自己真的非常幸运，希望我不辜负友民的期望，全力向前。"在此，也感谢二中图书馆，即使在我离开之后，依然成为我无声育人的最佳场所。

为加深二中和衢高学生之间的感情，我们开展了彼此之间互送礼物活动。开学之初，我在二中担任班主任的学生送给了每位同学一个本子，上面都写有一句话，诸如"叶晓萌学妹，这是你和友民沟通的平台，学姐王淑妍"之类的。而在10月份的全省学考选考来临之际，衢高学生则分别以卡片祝福的方式祝愿二中学姐学长考试顺利。

高一结束分班之际，我们开展了最后一次与二中有关的活动。全班同学沿着乌溪江畔美丽的绿色便道，历经四小时，徒步二十公里，再次回到了衢州二中，这是我和他们首次见面的地方，有着特殊的意义。我在朋友圈是这样写的:"我亲爱的同学们,去年8月,我把你我首次约会的地方特地选在二中,那时我们约定,我们以二中学生的标准要求自己,之后我们相继开展了'过一天二中生活做一回二中学子活动''我在二中图书馆度过国庆长假活动'等。今天,我们沿着美丽的乌溪江绿道,徒步毅行二十公里回到了你我相识的地方,有始有终,以这样的方式迎接即将到来的分班,以这样的方式告别温暖的班,以这样的方式让将来的你拥有一个青春的记忆。一个多学期以来,你们的优异表现无愧于当初那个美丽的约定。而我想说的是,你们真棒!"

最后一次班队活动,我们的主题是"寻找非同一般的大一班"。全班同学通过头脑风暴的方式,最后总结梳理了离开这个班级时要带走的"行囊"。作为送给新班级的礼物是:每天点赞自己、点赞老师、点赞同学;每天唱班歌、做平板支撑;每天离开教室前把凳子翻放在书桌上以便卫生打扫;每天上课和老师打招呼要加上老师的姓比如"郑老师好";每周相约操场四公里长跑;每周自主开展特色班会活动……

西言,希望你能从爸爸的经历中有所收获。

爱你的爸爸

五、丰富沟通技巧，温声暖语催花发

34. 家访三部曲

西言：

你肯定记不起自己上幼儿园小小班前，陈老师来家访的情形。那么，你是否记得上小学一年级前的暑假，祝老师来家访的情景？从幼儿园到小学、初中直至高中，班主任家访一直是学校布置的硬性任务，是班主任的常规工作。爸爸和你的班主任一样，几乎每带一届班级，都要挨家挨户地到学生家里去。而一直让爸爸引以为憾的是 2012 年的暑假，我以工作忙为借口，第一次没有逐一家访，而是仅仅选择了电话沟通。没有对全班进行家访的后遗症很快暴露出来，对学生信息的掌握不准确，甚至把全班同学的名字记下也花了近一个多月，这与我之前一开学就叫得出学生名字的情形是完全不一样的。这就给班级开学的一系列工作，如座位安排、寝室安排、课代表班干部人选的物色等带来了极大的不方便。可见家访虽然传统，但依然不会过时，再先进的通信方式都不如面对面的情感交流那样有温度，就如电脑永远代替不了人脑一样，无论社会如何发展，电话沟通永远代替不了家访。家访不仅仅是解决问题的途径，更是家校之间情感联结的纽带，散发着浓浓的暖意。

由于家访是班主任和学生之间的"第一次约会"，家访工作是否到位、有无效果，将直接影响到新班级新集体的建设。在之前，爸爸一直坚持的家访三部曲，很好地发挥了"首因效应"在印象形成过程中的作用，供你借鉴。

家访前,爸爸会精心为每一位同学的家庭准备四件礼物,它们分别是名片、"火车票"、信件、信息表,它们能使我的家访价值最大化。

名片是递给家长的。在家访的过程中递上名片不失为一种沟通方式。名片很简单,学校名称、本人姓名、学校地址,而最有价值的信息是我的手机号码、邮箱、QQ号码以及事先已经建立的全班家长微信群。这四大联系方式会成为日后家长与我沟通的有效渠道。内容短,事情急,家长会电话或短信联系;内容长,事情不急,家长会把信发至我的邮箱;偶尔我也会和家长在微信群里交流孩子情况和管理方面的点点滴滴。

"火车票"是送给学生的,这张充满特色的"火车票",设计者是2009届学生潘望。火车票正面的起点是高一(3)班,终点是理想大学,每位同学都是特快VIP席乘客,最醒目的一句话是"这是我们共同的旅程";背面是上"车"须知。通过这张特殊火车票,我向每位加盟班级团队的同学传递这样一个信号:今后三年,我们将在一起度过人生中非常有意义、充满美好回忆的三年,面对升学的压力,我们同样可以欣赏到人生中很多美景,交到人生中的诸多好友,它将是一段全班人一起启程的共同旅程。

学生设计的特色"火车票"

"给新同学的信"是我特意写给学生的。信的内容一般会分为五段,第一段是作为班主任的我欢迎每位新同学的到来;第二段是向他们介绍我之前班级建设中他们的学长的一些成功学习方法和做法;第三段是希望每一位同学能给班级带来帮助，充分展现自己；第四段表明了我对每一位刚刚告别初中生涯同学心态的理解，希望他们在告别灿烂过去的同时要面对新团队拥抱明天；最后我提出了班级建设一贯的目标，致力于建设一个富有人情味、凝聚力、进取心的团队，引导学生做一位有素养的人，建一个有特色的班。以下是我在 2016 年调任到衢高后写给同学们的信。

亲爱的同学：

友民欢迎你！

我和你一样，都是衢高大家族的新成员。有人说，不管是什么人，只要有缘，哪怕是隔着千山万水，冥冥之中也会在一个特定的环境下相逢。是啊，如果你没有来衢高，或者即使加盟衢高却不属于一班这个家庭的，我们都不可能相识；如果我还在二中，或者即使来到衢高，我却不是一班的一分子，我们也不可能相识。所以，我坚信，你我定是有缘人，正因为如此，我会好好珍惜，相信，你也和我一样。

在加盟衢高之前，我在班主任岗位上已足足干了二十三年，已经是你父辈的人了，但是我始终认为自己是如此年轻，因为我永远和一群十七八岁的青春少年在一起。所以我选择了坚守。

当我拿到班级名单后，我就想尽快熟悉你，好让我知道即将面对的是一群怎样可爱的学生。而我将如何陪伴自己来衢高的你，走过三年高中生活，为你奠基人生，成就未来。

我希望，我是这样一位班主任：我喜欢你，也被你喜欢。我情绪平和，喜欢和你沟通交流。我随时低下光亮的脑袋，为我的错误而道歉。我乐于倾听，喜欢和你在美丽的校园里肩并肩友善交流。我善于发现不在状态的你，耐心开导。我凡事用商量的方式来解决而不是施以高压。我接受你中肯的提议，对所有建议都会细细考量。

我希望，你是这样的一位学生。你阳光，在路上会主动向人问好。你进取，抓紧属于学习的每一分钟。你快乐，脸上永远洋溢着幸福的微笑。

你主动,面对他人和班级需要,无须动员就让我看到你的付出。你勤于思考,对问题能够提出自己独到的见解。你善于沟通,能够与人分享阳光分担风雨。你懂得感恩,能向所有爱你的人献上最真诚的感谢和祝福。你敢于担当,指出身边问题并身先士卒去解决。我希望你是一位自觉锻炼身心健康、热爱生活精神富有、勤奋学习成绩优秀的人。以上这些,都会给你的形象加分,也会让我因为遇上你这样的学生而倍感欣慰,你也能体会到这样做给你带来的愉悦感和实实在在的回报。我特别不希望看到的是,因为违背承诺,你的行为严重损害了你在同学和老师心中的形象并且让你被鄙视,甚至因此而受到严厉处罚。

我希望,我能带这样一个班级,它应该是这样的:自修安静课堂活跃,口号响亮步伐整齐,教室寝室干净,同学关系和谐,师生沟通顺畅。在这个班级里,我能听见的,有琅琅读书声、动听的歌声、欢快的笑声、鼓励的掌声、加油的喊声、感动的哭声,我们一起努力去制造并传递班级好声音!我希望,这是一个互相激励最有人情味、团结协作最有凝聚力、执着坚持最有进取心、充满正能量的大家庭。

我希望,你三年高中生涯,品尝到的不应该仅仅是学习生活的"苦"味,还应该有流汗的"咸"味,快乐的"甜"味,在你离开衢高之后,盘点高中三年时光,有那么一些场景、一些面孔、一些瞬间,串起了自己生命中一段平凡却值得珍惜的岁月,而那些记忆,几乎都与温暖有关!

来吧!我们一起努力!!!

你的友民叔叔

2016 年 8 月

一份"学生信息表"。这份作为个人隐私而加以保密的信息表里除了学生的姓名、性别、生日、邮箱、QQ 号、电话、家庭住址、父母姓名及职业等基本信息外,重点是我在征求学生的意见和建议。具体内容,等会儿马上会提及。

班级篇

家访时，爸爸要做的就是把这些礼物送给家长和学生。在递上名片给家长的同时，约好的第一件事就是请家长写一封信到我的邮箱，详细介绍小孩初中三年来的学习、生活、个性特点、兴趣特长等方面的情况，以便我更快地熟悉孩子，更有针对性地与孩子沟通和交流。欢迎信和"火车票"则是送给学生的，我们以这样的方式欢迎他们的加盟，而学生信息表是我让学生填写的。这样的方式，避免了我之前家访过程中师生之间、老师和家长之间一问一答的僵硬对话方式，也避免了双方不着边际的谈话方式，有利于我在较短时间内掌握学生基本信息，便于我在开学初的寝室安排、座位安排、班干部培养等方面做出更科学合理的安排，更为建立良好的师生关系开了一个好头。

家访时较为有意义的则是临走时的师生合影，这是家访纪念的象征。每次家访时，我会随身带个相机，家访结束时，和自己的学生拍一张师生合影。一方面是留作纪念，比如说在毕业晚会上再放出这张合影，往往让学生感叹时光匆匆，也有些学生都惊讶于自己三年的变化是如此之大；另一方面也是有利于在尽可能快的时间内拉近师生之间的距离，并为进一步营造和谐的师生氛围打下基础。

其实，真正让家访价值最大化的，是开学后分批召开的四个主题班会。

第一个主题班会名为"请你猜猜我是谁"。致力于让每一位同学首次出场都惊艳亮相。综合家长邮件和学生调查表中的信息，我选取部分最能代表学生形象的资料，做成一张一张幻灯片，把每一位同学逐一介绍给全班。这既是表扬也是介绍，让每一位同学留给全班的都是正面的信息。比如，有一位同学，我是这样介绍她的："她很善良，也很有爱心。在她的成长过程中，从来没有随意摘过一朵花，践踏过一棵草。她看了沈石溪的《剽牛》后号啕大哭，问爸爸妈妈人为什么要这么做，她不能接受人类如此残酷地对待动物。她很孝顺。上幼儿园的时候，爸爸总是骑着自行车带她去上学。每当下雨时，坐在车后面的她就会不停地为爸爸抚去肩上的雨水，这一小小的动作温暖了她爸爸 15 年。在华茂读书时,有亲戚去看望她,给她带了好吃的。她舍不得吃,给爸爸妈妈各留了一份,等到周五放学带回家给他们吃。"她是谁呢？她叫詹子旖！除了文字,我还配上了家访时和詹子旖姐姐的合照。

家访时和学生詹子旖的合影

第二个班会,主题是"我的期待"。信息来自学生调查表的反馈,主要围绕着以下两个问题展开:"你喜欢什么样的班级？请你写下它的特征,从最重要的开始,不少于 5 条"和"你喜欢什么样的班主任？请你写下他的特征,从最重要的开始,不少于 5 条"。

为保证信息的真实性,爸爸用手机逐一拍下并做成幻灯片展出。图中就是其中一位同学对班级的期待。

把所有人的信息展出之后,全班同学进行了热烈的讨论和归类,发现几乎每一位同学都喜欢生活在一个"团结"和"和谐"的班集体中。这恰恰也是爸爸理想中的班级团队所应该具备的元素。通过这个主题班会,我把

班级篇

"我最喜爱的班级十大特征"部分调查问卷

自己的要求成功地"推销"给学生，变成了学生的内在需求，凝心聚力，寻找到了我和学生之间班级建设的公约数。

而第三个主题班会，则是如法炮制第二个。爸爸发现，学生最大的需求是希望自己遇到一位幽默风趣、公平对待每一位学生的班主任。学生的需求正是爸爸努力的方向。

"我最喜爱的班主任十大特征"部分调查问卷

最后一个班会，主题是"我的素养"，请看一位学生的自我定位。

"我的素养"部分调查问卷

爸爸依然不厌其烦地把每一位同学的信息通过幻灯片展现出来，因为这也是展现每一位同学优点的时候。同时，结合所获得的诸多信息，爸爸初步构建了从班干部到寝室长的班级临时管理服务体系，一段时间后再通过竞选的方式加以调整。

　　西言,在这个通信便捷的时代,虽然家校之间沟通更多以电话和网络等方式展开,但是作为传统教育方式的家访,其实并未过时,永远有它存在的价值。

爱你的爸爸

35. 谈话三句式

西言：

有这么一个故事，说的是一个失明的老人坐在路边乞讨，旁边牌子上面写着：我是个盲人，请帮帮我。他是那么可怜，可是路过的人却很少回应他。一位漂亮的女士经过，她把老人用来乞讨的纸板翻过来，唰唰写下一行字，离开。奇迹发生了——路人纷纷把硬币放到了老人跟前。长日将尽，女士再次回到这里，老人问她：你在我的纸板上写了什么？女士回答：只是用了不同的语言。她写的是：这真是美好的一天，而我却看不见。可见话"怎么说"比"说什么"更重要。这让我想起了衢州二中学生给我的诸多留言中，曾经有这么一段话："老师，我最常听到的不是'你们听明白了吗'而是'我讲清楚了吗'，这也是我喜欢政治课的原因之一。老师，您就是高一(1)班的暖男啊！"我看了之后，也是由衷的欣慰。因为我一直在努力，希望自己站在学生的立场来考虑问题。

当我的学生遇到困难，情绪低落的时候，我要求自己能够设身处地接纳他的负面情绪。曾经，当学生难过的时候，我说得最多的就是"没关系"，而实际上是，这样安慰是没有效果的。后来我发现，唯有接纳，才能让对方的负面情绪得到缓解和宣泄。所以类似"如果是我，我也会很难过的""我能感受到你的难过，你希望自己能够战胜它""你并不是故意的，你也希望自己能做得更好"之类的话，站在对方的立场能让我们的安慰起到实质性的效果。

当我要鼓励学生的时候，我也不再用"你真棒"之类的廉价表扬。我会把我对事情的具体看法表达出来，"原以为……没想到……"是我惯用的套路，曾经我就是这样点赞我的一位学生的："我原以为积累错题这个习惯，你至少要经过一个学期才能养成，没想到如今才半学期，你已经做得这样出色，我很为你的进步感到高兴。"有时候，我也会和学生说"这件事情，并不是每一个人都能做得如此出色的，我很想知道你是如何实现的"来表达我真诚的赞赏。

当我和学生交流他们的方案的时候，我努力改变自己好为人师的性格，强迫自己尽可能不要打断对方的讲话，耐心听完，而"你一定有自己的想法，说出来让我听听""我想知道我能为你做点什么"和"这个方案不错，有没有更好的想法"之类的话，更能激发学生继续他们的话题，并寻找解决问题更好的方案。

在柯城万田小学的千人大讲堂和小学生亲切交流

当我来到一个新的团队，无论是在上课还是讲座，抑或是交流，我基本上不会说"你们这个班级"，而是"我们这个班级"，发挥心理学上的"自己人效应"，我们的话就更容易被学生接受和信赖。

当我怒火中烧的时候，我也要求自己不要用"你如何如何"的指责性语言，代之以"我很难过甚至愤怒，我希望你能告诉我该怎么办"，这样有利于避免对学生造成人身攻击。

我始终认为校园里没有那么多的师道尊严，老师做错事情，也应该随时低下头，放下身段。"谢谢你，让老师知道你很生气""对不起，老师无意中伤害了你""其实，老师的本意不是这样的"三段式的道歉方式，让我赢得了学生的理解。

后来，无论是表扬，还是批评，"我发现……我感到……我期待……"基本成为我在校园内外点赞或者提醒学生的保留招数，还真是屡试不爽。西言，你也可以试一下。

爱你的爸爸

36. 交流三张纸

西言：

作为班主任，与学生交流的方式有很多，但有些看似老土的方式，它的作用，你可不能小视哦。比如递小纸条、写封书信和"半月谈"。

如果有人问你班里是否有同学向你递小纸条，相信答案是毋庸置疑的。比如有人问你问题，但又碍于自修课不能讲话的规定，只好用递纸条方式了。爸爸不知你是否有过老师传给你小纸条的经历，至少爸爸的班里，有很多学生是有类似经历的。

记得有一年，我到兄弟学校衢州一中与该校全体班主任分享自己班主任工作中的一系列经验和体会，主持会议的是学校党委书记方美花，她在讲座结尾点评环节竟然掏出了一张小纸条，深情地说："郑友民老师是我女儿高中的班主任，虽然孩子现在已经在美国工作，但我们一家还是非常感谢郑老师当初陪伴女儿的美好时光。这张纸条是我从女儿的书房里拿来的，她一直保存着。我也是教育工作者，都说管理靠沟通，其实，班级管理何尝不是如此呢？"

爸爸没有想到这位家长也如此用心，也许，从侧面印证了这个小小的沟通方式的必要吧。平时，我会多多留意，观察学生身上的一些细节，以便沟通和交流。我和数学老师商量，当那些数学薄弱的同学有所进步的时候，请告诉我。我会写张便条："子妍，廖老师告诉我，最近你的数学作业能按时交了，办公室跑得勤了，几次小测验也进步了，老师很欣慰。期待你践行班级精神，学习数学，要敢于硬碰不怕吃苦，不懂就问不怕倒霉。"我和所有任课老师商量，如果有需要和学生沟通的地方，也请告诉我，以便形成教育的合力。当然，纸条不仅仅是用来鼓励学生的。西言，你还记得孟凡姐姐吗？爸爸曾经对她存有很大的误解，当意识到自己的错误时，爸爸马上写了一张纸条给她，内容是这样的："孟凡，没想到过去的一年，老师给你带来如此大的打击。如果是我的高中时代，可能我早就坚持不下去了。作为一名学生，没有比被班主任误解更痛苦的事情了，我没有学会好好倾听，仅仅是听信了道听途说。我想真诚地和你说声'对不起'，届时，我会在全班同学面前向你认错，希望我的道歉能减轻我的负疚感的同时，也能让你留下，不再考虑转学。"收到纸条的孟凡在"半月谈"里用了整整三页纸和我谈起了这一年里被我看轻的经历，用"痛不欲生"来形容也不为过。之后，我们的沟通越来越多，当孟凡希望高二能担任我的政治课代表时，我是如此欣慰，这意味着我获得了她的信任，被信任是幸福的。同样，作为班主任，没有比来自学生的信任更值得珍惜的事情了。

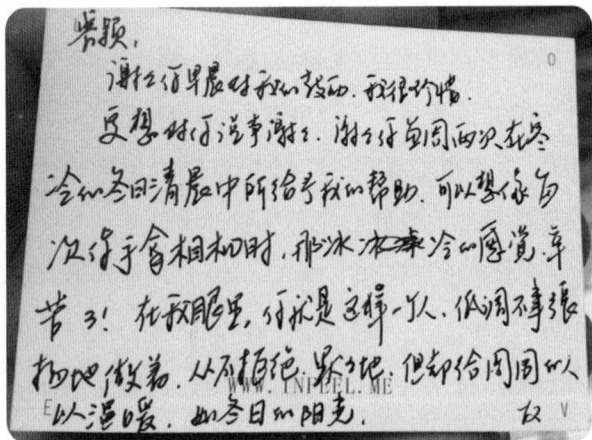

感谢 2015 届郑睿颖鼓励我的小纸条

有一次，爸爸来到教室，正巧一位邹同学正翻开自己的桌面到抽屉里找学习用品，这时，爸爸竟然发现了一个有趣的现象，该同学把爸爸平时写给他的纸条都一一张贴在桌子的背面。由此得知，学生还是比较珍惜来自老师的鼓励和沟通的。

这种非正式的纸条交流，最大的优势在于它可以随时随地，不受时空限制。其实，你也可以用这种方式和同学、老师、爸爸妈妈沟通。你贴在房间里的那张便条，就是爸爸在儿童节写给你的，每次爸爸看见，同样温暖在心。

即使在联系方式如此便利的今天,用书信的方式沟通依然没有过时。一般来说,书信通常用于相距较远的两人交流情感,每日相见的人则用得很少。然而,将此作为班主任和学生之间的沟通桥梁,却也是别具一格,其效非凡,尤其是在高中生的班级管理中,与口头交流相比较,书信沟通往往有"此时无声胜有声"的效果。

至于写给谁,什么时候写,说实话,还真没有规律可循。信件既可以是写给个别同学的,也可以是写给全班同学的。既可以是因为同学们表现优异,表示鼓励表彰的;也可以是因为同学们犯错误,表达失望提出要求的;既可以是活动之前用来动员的,也可以是活动结束后用来总结的。

而书信对爸爸最大的帮助是,避免了爸爸火爆的臭脾气给学生带来的伤害!这些年来,如果说爸爸还有些改变的话,无非是翻开书去阅读了,最喜欢的事变成了买书。还有,就是迈开腿去运动了,竟然也跑下了全程马拉松。但是,有一点,可能是性格使然,就是没有好好管住自己的嘴,容易冲动。往往学生犯了丁点错误也会让我喋喋不休乃至大发雷霆,事后却又后悔不已。殊不知,发火早就在学生的心中留下了阴影。当然,学生的大部分情况我已经慢慢地可以接受,但如果他们做的事情让我极为生气时,我会立刻恢复到从前的自己。

怎么办?我选择了慢跑加写信的方式来发泄自己心中的"熊熊怒火"。事实证明,这两招是颇有成效的。在绕着操场跑圈的过程中,火气就已慢慢消退。如果效果还不明显,则继续拿起笔,以写信的方式予以宣泄。但实际上,那些充满攻击性语言的信件基本上都没有直接给相关同学,即使自己觉得非得要让学生领教下我的骂功,我也是先将信件交给班长转交处理,但往往被班长"私吞"了。班长成了避免同学们被我攻击的一道防火墙。这样的方式可以暂时避免师生之间的矛盾升级,有利于更妥当地处理好双边关系。2013 年,高一结束,爸爸曾经就写过一封道歉信给全班同学，其中一段话是这样的："首先必须向你们说声'对不起'，因为我打着爱的旗号伤害了你们。也许是我对新高一团队寄予了太大的期望，也许是刚毕业的三班留给了我太多美好的回忆，也许是你们对友民给予了太高的期待，所以就有了军训第一天中午对你们的拍桌子呵斥，有了对你们课堂沉默的不满，有了对你们寝室频频扣分的责备，有了对你们晨跑口号喊不响的失望，有了对你们与兄弟班级学习成绩巨大差距的难过，有了道听途说不分青红皂白的批评。而由此造成的是，你我之间的距离越来越远，有同学甚至考虑转班或转学，有同学在一年之后，也依然不能释怀我的粗暴和误解。而我也有了心累的感觉，甚至后悔继续班主任这份吃力不讨好的工作。现在想来，那时的我，不是活在当下，而是活在对过去的回忆之中，活在不切实际的空想之中，总是用负面的情绪代替正面的想法，受苦的不仅是我，更是你们。"

爸爸发现，有时候用传统的方式反而更有利于提升自己，消除误会，建立信任，从而构建友善的师生关系。

中宣部有一本杂志叫《半月谈》，主要是受此启发，爸爸也在班里给每一位学生发了一本"半月谈"，只不过，在这本"半月谈"里，不仅有学生的"谈话"内容，也有爸爸对学生讲的话，当然，都是书面的文字。

今天是我的一位好朋友的生日，但她一年后要到英国去上大学了，真的很羡慕她。有时我会觉得自己好像受到上天不公平的待遇，但是朋友们总觉得我很乐观，是个开心果，而且似乎没有烦恼。殊不知我给自己披上了乐观的外套，而把最真实的自己给藏起来了。她们有的羡慕我有民主的爸妈，羡慕我去英国，羡慕我有良好的心态，羡慕我能弹钢琴……只是，她们不知道这光环的背后是泪水、无奈与痛苦，她们不知道我有许多故事，许多秘密，连老师也不知道。

我觉得，想过多的伤心的事也无济于事，只能徒增我的伤感，不能给我任何帮助。与其羡慕那位朋友有个好家庭，还不如自己好好努力，通过努力来获取幸福。其实我也曾拥有幸福，只是如昙花一般，转瞬即逝，留下不知所措的我在原地，眼眶中的泪水打转。

虽未考试，但我已闻到了硝烟的味道，我觉得我们班还是有比较浓的复习劲头。在班里的良好气氛下，想不努力都难。之前，我曾向你许诺过，要考年级前五十作为通校的条件，也许你已经因为两次的月排名对我失去了信心，但没关系，我对我自己还是充满自信的。我也对我自己的学习状态和进度做了一个调整，也分析了自己退步的原因，虽不能100％肯定进前五十，但至少我会超越我自己的。

向来，我是被忽略的。也许是默默无闻，也许是过于平淡，我也渴望被老师关注，但是……

最后，用一句歌词来作为这次半月谈的结束：我愿相信/世界很美/没人流眼泪/吹着蜡烛/许个心愿/他们会出现/我愿回到/那个夏天/让他们都没改变/愿一切都回到从前……

而在这位同学"半月谈"内容的后面，则是我写的回复。

很感谢你通过半月谈的方式与我沟通，这是你对我本人的信任。每一个人都有心情不好的时候，每一个人都会把自己某些东西隐藏起来，也许我们不可能让每一个人都理解我们，但总有理解我们的人，所以，请不必伤感。至于你的承诺，我之所以认可，这正是我对你的信任，也许你暂时做不到，但我相信你最终会做到的，你的表现让我欣慰。还有，你并未被忽略啊，也许人在伤心的时候想法都比较悲观，其实，你身边有那么多好友，怎么会被忽略呢？（包括老师也很认可你啊！）

西言，作为学生，你肯定有过这样的经历，在学习、成长的过程中难免有困惑或者不满，但有时又不能充分表达和倾诉。如果困惑得到解除，自己会感到轻松、舒畅、被理解、被信任。事实的确如此，著名的"罗森塔尔效应"告诉我们，学生能否持之以恒地学习，与教师长期的信任和鼓励有密切的关系。作为班主任，需要给学生建立一个释放心情、说出困惑的情感通道。"半月谈"（师生交流的一个本子）成了我与学生长期沟通的主阵地，留下了我和学生心与心真诚沟通的痕迹。有时候，我写的批语甚至比学生写得还多；有时候，看学生的"半月谈"就像看他们的日记。几乎每隔几天，只要他们有觉得"谈"的必要，他们就会写上几句并留下空白等我回复和交流。"半月谈"使学生更愿意把自己心里话向老师倾诉，老师也通过"半月谈"赢得了学生的信任和尊重。三年的"半月谈"成为沟通师生情感的桥梁，长期的坚持让我体味到了沟通所带来的幸福和成就感。

爱你的爸爸

37. 沟通两平台

西言：

时下，提起沟通，怎么能少得了微信呢？微信已经成为人们常用的交流工具，也成为我管理的好帮手。

微信架起了我和家长沟通的桥梁。开学家访的时候，我会印制一张名片，上面既有我个人的微信号，也有我创建的班级微信群的群号，许多信息，包括家访时的照片，都会在微信群里实现共享。开学之后，因为是寄宿制，微信就成为我每天现场直播的平台。有些家长，还特意让我拍拍她孩子在校学习生活的身影，以解"相思"之苦。我开玩笑说，孩子早已断奶，断不开的却是家长。平时，我会把同学们的情况通过微信在家长群里分享，当然，我有一个原则，尽可能做个报喜不报忧的老师。如果一位老师动不动就向家长告状，要么是承认自己无能，要么是推卸责任。况且，我一直告诫自己，我也是家长，如果你的老师经常在我们面前说你的不是，可想而知，身为父母的我们是怎样的心情。

我还可以把家长会开到微信群里去。所有任课老师和全体家长就孩子的学习生活问题畅所欲言，如果遇到一些敏感话题，就单独用微信私聊，免去了把家长和任课老师请到学校教室的麻烦，跨越空间交流的效果甚至更好。

一般来说，只有学校才会申请微信公众号，而我们一位叫余云飞的老师，做事主动认真，他特意为年级申请了一个微信公众号。这下可好了，学生的美文、年级组长的集会讲话、老师的寄语、年级的活动和举措，都是年级推送的内容。公众号的好处是一对多的传播，信息不仅马上传播到所有家长手机里，让家长及时了解更多的学校教育教学的具体情况，也让社会各界人士更多地关注衢高，了解衢高。如今，衢高校园里，每个年级包括艺术中心都有了自己的微信公众号，这样更有利于特定对象之间的信息交流和分享，凝聚家校之间的共识，形成教育合力。

而我则几乎每天通过自己微信朋友圈推送"衢高故事"，传递温暖，传播友善，发现美，传递美，弘扬美，关注同事们的付出，点赞他们身上诸多让我感动的地方。让家长及时关注到学校里的点点滴滴，也让社会更了解一个真实奋进的衢高，提升衢高的美誉度和影响力。我坚信，优秀是鼓励出来的，而我能做的，就是表达我对同事们由衷的敬意，通过微信！

当然，微信早已经成为学校内部各个部门开展工作的极佳平台，无论是部门处室，还是教研组备课组，微信便利了同事间的沟通，提高了工作效率。

使用微信，必须要有一部手机，可是，学生在校期间，又不能使用手机，那怎么办呢？有办法，还有电视机呢！不知你是否留意过挂在衢高教学楼一楼墙上的电视机，也许你会纳闷校园墙上为什么要装上一台电视机，那就让我来告诉你原因吧。

学校因为经费紧张，暂时不具备给教学楼装大型电子屏的条件，我们就把一台闲置的电视机利用了起来，以作年级通知之用。没想到，先前提到的那位有心的余云飞老师，把电视机变成了年级传播温暖传播友善的好平台，让每一位师生路过此处，都会忍不住驻足观看。

郑友民
我必须为年级组三位有心的小伙子点赞👍
简简单单一台电视机，成为年级师生传递温暖传播友善的平台，唯有用心，才会走心！
唯有走心，才会暖心！

2017年3月15日 11:54　删除

这是一个点赞的平台。同学们投到年级信箱里的诸多感谢信里面,有点赞同学的,有点赞老师的,有点赞学校的,年级组会把这些信放到电视机上和全体师生分享。家长、老师发的微信朋友圈中表扬同学们积极进取的精神状态的内容,我们会把它截屏转发到电视机上。班主任拍下的有关学生们优异表现的照片,也会及时在电视机里滚动播放。

这是一个祝福的平台。无论是老师或者同学,在他们生日的当天,电视机就会播放献给他们的生日祝福,当路过的师生看到以后,也会通过相应的方式向身边的"寿星"送上自己美好而真诚的祝福。校园里,不应该仅有读书声,还应该有祝福的歌声和掌声,让爱和友善在你我之间传递。

这是一个激励的平台。家长的谆谆教诲,老师的深情寄语,学长学姐的榜样励志,我们用文字或者视频通过电视机呈现在同学们的眼前,让同学们从这里汲取的,都是满满的正能量。

这是一个提醒的平台。校园内外发生的一些事情,我们会用温暖的文字或者图片,抑或是视频来提醒同学们。比如假期到了,提醒同学们注意各种安全问题;期末考试即将来临,提醒同学们及时做好复习规划;天气凉了,提醒同学们注意保暖加衣。温馨的提醒,效果比说教好得多。

西言,不知你是否发现,这和我在二中用黑板和同学们沟通的效果是一样的,只不过,电视机的功能,比黑板更强大而已。其实,师生沟通,途径并不重要,用心去做才是关键,无论黑板、电视机,还是电子屏,唯有走心才有实效,否则,即使是全校所有地方都挂满电视机,又有何效果呢?

我永远坚信,人是需要鼓励的,爱是需要表达的,心是需要沟通的。而无论到哪里,爸爸都会极力去寻找身边同事、学生、家长身上的亮点,并通过各种渠道让学生感受到肯定和鼓励,以及善意的提醒和督促。

你看,只要你肯动脑筋,沟通的平台总是会有的。你说呢?

爱你的爸爸

班级篇

38. 从"你们"到"我和你"

西言：

作为老师，尤其是班主任，站在讲台上教育和引导全班学生是一种常态。爸爸也是如此，这种教育方式最大的好处当然是有利于统一思想，也节约了时间，因为不必一个个进行交流。

但是，正如李希贵老师所感叹的，教室就像一片小森林，每位同学好比其中的一棵树，我们往往是"不见树木，只见森林"，没有发现这棵树和那棵树其实并不一样。这就需要我们用个性化的方式来满足每棵树的生存需求，而不是大一统，一刀切。

的确，毕业于农村学校的孩子和毕业于城区学校的孩子有着诸多不一样的地方，来自农民家庭的孩子和出身于公务员家庭的孩子有着不一样的表现，来自重点初中的学生和从普通学校考上来的孩子有着不一样的需求，男生和女生需要我们采取不一样的态度。都说世界上没有两片完全相同的叶子，要求我们一把钥匙开一把锁。作为教哲学的政治老师，爸爸深知事物的矛盾具有特殊性，要求我们具体问题具体分析。有时候，分类谈话，区别对待，事半功倍。

农村里毕业的孩子往往是爸爸特别关注的，可能是爸爸也是来自农村的缘故吧。这批学生能够从乡下初中考取当地最好的高中，其实是难能可贵的。他们到了高中，绝大多数都依然保持着之前养成的良好的学习和生活习惯。然而，也会有这样的学生，他们在初中里是所在学校的翘楚，是父母老师眼中的重点保护对象，习惯了大熊猫般的待遇。到了高中，他们发现自己失去了众星捧月的地位，往往会产生深深的失落感。而有些同学，习惯了初中老师喂养式的教学，到了高中不知道如何自我管理自我规划，导致无所适从。更有甚者，和家境优越的同学比起了吃穿，把父母给的生活费偷偷节省下来买手机、玩网络游戏，不能自拔。为此，爸爸经常会和班里的农村学生这样交流："祝贺你加盟二中，其实，我也是来自农村的，不仅高中毕业于农村，大学刚毕业也在农村工作了六年，有幸被选调到这里。到了这里，我们也要学会'攀比'，那就是比做人做事，勤学善问，不怕吃苦不怕倒霉。我们一起倍加珍惜现在，我努力工作，争取做一位你认可的好班主任，你好好努力，收获学在二中的幸福。"同时，我对他们提出了一些个性化的要求，比如加强人文阅读和单词记忆（农村孩子往往语文和英语基础较为薄弱），这样的交流，容易拉近师生之间的距离。

西言，你是否发现，在你们班里，男同学和女同学，在学习生活习惯、性格特点方面等存有诸多差异，所以沈老师往往对待你们班里女生和男生有着不一样的要求。爸爸也不例外，每次开学，爸爸都要分别召开男生女生会议。我曾经在全班男生会议上和同学们开玩笑说："同学们，你们知道，这个世界是属于谁的世界？当然是男人的世界！不信？你看这个地球上最为成功的有哪几类人？无论是科学家还是企业家抑或是政治家，几乎清一色的都是男人！为什么？因为，作为一名男人，就要有担当意识、责任意识！在我们班里，也不例外，无论是学习态度，还是班级工作，我们男生就应该践行'主动'的班级精神，凡事做女生的榜样，老师我要求全班同学做到的，我们男生要先做到，当然，我也要先做到，因为我们都是男人！"

而我在女生会议上是这样动员的："同学们，你们知道，这个世界是属于谁的世界？当然是女人的世界！不信？你看这一生我们要经历多少次考试？无论是中考、高考、出国考、公务员考……只要需要考试才能跨进那个门槛的，基本上都是女生的天下！我刚来二中的时候，班级里的男生是女生人数的三倍，现如今，一个班里女生的人数已经达到60%。通过高考上清华、北大的，70%以上是女生。为什么会出现这种阴盛阳衰的态势？因为我们女生做事情，细心严谨、自觉勤奋；有良好的习惯、强大的自控能力、优秀的学习品质等优势。具备这样的素养，以后从事任何事业，不成功都很难！所以，我对大家报以极大的期待，期待我们全体女生，用我们的一言一行去营造良好的班级氛围，做班级男生的榜样！"

如果这样的教育，针对全班同学一起交流，西言，你觉得效果会怎样呢？无论是男生还是女生，不跟爸爸吵起来才怪呢！"见人说人话，见鬼说鬼话"，这是一句稍带贬义的话，但换个角度也告诉我们，区别对待，分类谈话，才会提升针对性，增强实效性。你说呢？

如果你觉得分类谈话还不能解决问题的话，那爸爸就要使出绝招了。以上大多数谈话，即使是小范围的，也是在办公室、走廊、楼梯等地方进行的。毕竟还在教学区域，师生都戴着面具。如果换个更休闲的地方，如操场，肩并肩地边走边聊，那种效果，你简直无法想象。

前段时间，戈帅哥哥曾和我交流："友民，非常怀念高中三年的生活，班里同学融洽相处，活动丰富。特别是高二开始，感觉到你的变化特别大，脾气变得温和起来，愿意倾听我们的心声，想起每次和你在校园里边走边聊的场景，也是非常珍惜。"

之后，有些同事就会经常看到，我和学生并肩在校园操场上散步。而对象却是不固定的，有时候是男生，有时候是女生；有时候一位，有时候多位。这样的肩并肩交流方式，无疑是最为放松的，就如一位同学在"半月谈"里和爸爸说到的，这样的氛围，就像和朋友谈心，不像在办公室，那似乎是在接受审问。

的确如此，学生对于老师的"约谈"，往往是有点心存戒备的，把"约谈"变为"约会"，有利于创造一个宽松的谈心环境，对师生交流的效果是有帮助的。

每到高考前，总会有些同学因为高考所带来的压力，导致状态不佳，就会有家长要求爸爸代为开导减压。说实话，我也没有什么高招，所以就会邀请他们一起散步、一起慢跑、一起爬山。一起肩并肩行进的过程中，我更愿意做一位默默的倾听者，倾听学生此时内心的真实想法，这个时候，我更愿意作为一名曾经有过类似经历的朋友而不是所谓的专家出现在学生面前,在认同对方的基础上,适时地发表自己的一些看法,给予一些可操作性的点拨,供对方参考。

当然,在这样的交流中,我曾犯下简单化的错误,其一是没有足够的耐心来倾听和交流。实际上,散步也好,跑步也罢,学生不可能一开始就对我敞开心扉,深度的交流需要时间,需要等待。另外,就是有时会让师生间的沟通变成了我的一言堂,说教的成分依然大于交流,从而导致形式大于内容,效果不佳。

而我相信,你一定会比爸爸做得更好。

爱你的爸爸

39. 从"我说你听"到"我听你的"

西言：

当你担任了班主任，你就会知道，班级管理永远没有一劳永逸的事情，即使你带的是最优秀的班级。只要我们细心观察，每天都会有各种各样的问题。当然，正所谓没有问题就是最大的问题。每一个"问题"的出现，即使是管理的"危机"，也可能是提升管理的"契机"，就看我们是否有足够的智慧去处理好这些问题。

班级有些问题，是显性的，我们容易发现问题的所在。而更多的问题，其实暂时是看不出来的。用冰山理论分析，一个人的"自我"就像一座冰山一样，我们能看到的只是表面很少的一部分——行为；而更大的一部分——内在世界——却藏在更深层次，不为人所见，恰如冰山。班级问题，也是如此。这就需要我们主动去发现问题，这是非常关键的一步，发现问题比解决问题更重要；否则，当问题发展到不可收拾的程度，我们的解决措施已经没有价值了。

用什么方式去寻找问题的存在并分析原因所在呢？常规的方式无非是通过个别谈话、座谈会等面对面的口头交流，或者是通过"半月谈"、书信等进行书面交流，但都有各自的局限性。爸爸从李希贵校长那里学来了几种方式，效果很好。

最常用的是汇总统计法，即计算每个要素所占的比例。这种方式简单易行。爸爸在一次关于大课间跑步问题的问卷中，汇总统计后发现，82％的同学还是认可跑步的价值的，这坚定了我加强班级体育锻炼的决心。接着是排序法和赋分法，比如，我就学生喜欢什么样的班级和班主任进行问卷调研："请写下你最喜欢的班级的特征，至少五点，从最重要的开始。""请写下你最喜欢的班主任的特征，至少五点，从最喜欢的开始。"汇总时，对学生的回答赋分，从前往后依次赋值 1—5 分，把问卷中相同要素加分，得分最低的就是排序最靠前的，也就是学生最为关注的。响应数值法也是我较为常用的，比如，"如果 10 表示最高，1 为最低，你对班级晨跑的满意度是多少？""你对班级晚自修满意度是多少？"通过倾听学生的声音，我不断找到班级工作的切入点。头脑风暴法是我在重大考试后进行总结时采取的策略，分小组围绕一门学科，每人发表观点，不重复，直到观点全部表达出来为止；然后进行汇总排序，寻找问题背后的原因和解决问题的办法。当然，偶尔也会用到鱼骨图法，通过不断的追问，一层层地发现更深更广的问题。

问题找到了，如何凝聚全班同学的共识去解决问题，爸爸采用的较多的就是主题班会了。通过设计一个一个活动环节，把问卷调研中所获得的信息进行分享、讨论，各抒己见，然后寻求解决对策。一个成功的班会，从过程看，关键是要尽可能发挥所有人的积极性，让大家都参与进来，一起为团队的进步献计献策。从结果看，看大家是否就问题提出了切实可行的解决方案。班会的策划是极为重要的，包括会前的问卷设计和统计，包括主持人的选定，包括班会氛围的营造，还包括会后所收到的效果、达到的目的以及呈现的方式。有些班会，冷冷清清，仅仅是几位班干部发表言论。有些班会，表面热闹，实则低效，一节课下来，还是回到原点。

以下是一次关于"安静晚自修"的主题班会后一个小组贴在教室的倡议书，后来很多同学在上面签名表示支持。

友民说，一个人的底线是不去影响他人。

教室是学习的场所，自修课是安静的世界，每个人应该沉浸在自己的作业堆里，而非在别人的作业堆里嬉戏。

讨论问题属于下课，不属于自修课，安静才是自习课真正的主人。

闲言碎语属于下课，不属于自习课，安静才是自习课真正的王者。

嬉戏玩闹属于下课，不属于自习课，安静才是自习课真正的胜者。

大三班的家人们，我们应该做到自习课安静学习，我们坚决不能影响他人。

我们一起努力，让大三班属于王者。

我们一起努力，让友民不仅脑袋上有光，脸上也有光。

我们一起努力！

爱你的爸爸

40. 从"我怀疑你"到"我理解你"

西言：

我们小区里有好几位伯伯练太极拳，你曾经问过我为什么打太极有益于身体健康，其实，太极功夫的精髓对爸爸的班级管理也有积极的借鉴意义，班主任工作也要讲究技术，要像中国的太极拳，抓住出奇制胜点——以柔克刚、以缓制急、以曲取直、以退为进。爸爸和你分享四个故事来谈谈对太极功夫的认识。

"以柔克刚"是太极拳的精髓，看似软绵绵的招式里柔中带刚、缓中有急，有力克对手的神奇效果。同样，在班级管理中，面对那些个性刚烈的顽皮学生，应用此法可避开"锋芒"，达到四两拨千斤的教育效果。

周某是毕业于石梁中学的一位学生，2000年爸爸从石梁调入二中时，他也考上了二中，高二分班时从六班转到了我班里。据同学反映，周某是个金庸迷，在高一时自称已把金庸的武侠小说全部看完，高二他要再看一遍然后自己写。周某很有个性，与别人有纠纷时，即使99%是他的错，他也会强词夺理，怒目以对。有一次他上课看武侠小说被老师没收，当时就与年轻的任课老师吵了一场，事后我处理这件事的时候，周某依旧怒气未消。后来又有一次晚自修第三节课，看小说被我逮个正着，我把小说拿来，撕成两半，周某急坏了，他腾地站起身来，质问我："你凭什么撕我的书？"我看着他，脸上毫无表情，继续撕书，并扔进了垃圾桶，此时他的脸都气得变形了，他的眼睛射出仇恨的光芒，等我离开教室时候，周某也从后门走出，留下一声重重的摔门声。

过了一段时间，我叫班干部把他从操场上叫了回来。在教师办公室，他的情绪稳定了一些，但是眼中仍含着怒气，我拿了条凳子，拍了拍他的肩，请他坐下，看到他脸上的泪痕，我拿出一张餐巾纸，递给他。我笑了笑，轻轻地问："现在好点了吗？"周某点了点头。我看时机到了，继续交流。

师：你知道老师高中毕业哪里吗？

生：二中。

师：不是，我是石梁中学毕业的，所以我们既是师生关系，也是师兄弟关系。你知道老师以前在哪里教书吗？

生：石梁，我读初中时看见过你。

师：是的，我还知道你在初中时劳动特别积极，打扫厕所的时候你甚至用手去疏通下水管道，那时我们老师都很欣赏你！

生：这些你也知道？

……

师：老师从石梁调到二中教书，就要好好地教，你凭自己的努力从石梁考上二中读书，就要好好地读，我们要一起努力为母校争光，你说呢？

生：嗯。

师：你今天的表现让老师很失望，除了看小说之外，你还当着那么多同学的面把门摔得那么响。

……

此时，爸爸一连串充满感情的话语说得周某抬不起头来，冷静下来的周某眼里充满了悔意。对老师来说，学生犯错之后心中有悔意的时候是一个最好的教育时机。我循循善诱，与周某一起仔细分析了他因为看小说而成绩一落千丈的过程，也分析了他频频情绪失控的结果。然后和他约定，今天的事情不再追究责任，期末时如果他的成绩进步，我买本新的金庸小说给他，但是在学校不再看武侠小说，以后也不可以再对任何人冲动发脾气。

我不知道他在学校是否还看武侠小说，但无论如何，周某再也没有当众发过大脾气，学期结束时他的成绩也进步了。他拒绝了我为他买武侠小说的承诺。高考他考上了中南财大，之后，他又被保送到厦门大学读研究生。

泰戈尔说过,不是水的打击,而是水的载歌载舞,使鹅卵石日臻完美。教育学生需要该出手时就出手的果断风格,更需要似水柔情温暖学生的心灵。遇到那些性格倔强的犯错学生,或处理各种突发事件时,班主任努力克制住情绪,仔细思考合理合情的处理方法,心平气和地面对学生,宽容地给其一个为自己辩解的机会,避开学生的锋芒,用太极手段以柔克刚;然后寻找合适的时机循循善诱,耐心地帮助学生自己认识错误,端正其思想态度,进而使学生改正错误。于无声处听惊雷,产生的良好效果往往出乎我们的意料。

第二招,"以缓制急"。"缓慢"是太极功夫的特点之一,它以缓制急,以静制动,是与人交手取胜的一大"绝招"。面对班级中的突发事件,班主任在处理时,不能急于出手,而应冷静下来,先稳住事态,然后理出思路,找出突破口进行解决。

我参加工作二十余年了,有一个毛病却一直没有改掉,那就是做事太急、容易冲动,容易情绪失控。就如前面说的当众撕学生的书,其实,也是极不应该的。有一次班里有两位女生之间发生了矛盾,姓郑的女生哭着到我这里告状,说钱某把她桌子掀翻并破口大骂。在我眼里,姓郑的女生平时从不惹是生非,表现也很好。而姓钱的女生书不好好读,闲事管着一大堆,看小说、抄作业都有她的份,前几天刚刚因为看言情小说的事被我训了一通。一听又是她在犯事,也不管三七二十一,我马上把她叫到办公室,一拳头拍在办公桌上,眼睛充满怒火地问:"你到底想怎么样,再不好好读书,转学算了……"姓钱的女同学见我如此发火,嘴巴动了动,似乎是想说话。"不用说了,你马上打电话,把你父母叫来,否则,你不要进教室。"过了一段时间,班长来到我办公室递给我一张纸条:"老师,今天你的做法我们都很不服气,你为什么不调查一下事情的起因和经过呢?虽然钱同学平时表现的确不好,但这件事的起因在于郑同学经常在背后议论并破坏钱同学的声誉,你不应该偏袒她……"

班长的纸条一下子让我傻了眼，等我通过多个侧面了解了事实之后，我发现情况的确如班长所说，我为我的冲动和急躁懊悔不已，甚至差点失去了班里同学的信任。事后，我费了很长时间，并通过与双方家长的沟通，与当事同学的交流，甚至在全班同学面前郑重道歉，总算挽回了她们的"心"。

在班主任测评反馈表上，有一位学生就这样写道："经常很冲动地朝我们发火，事后又向我们道歉，希望老师以后做事不要太急躁。"还有一位其他班的学生对他的班主任的评价道："其实，我们知道他为我们好，但我们实在不敢苟同他动不动叫家长的做法……"

这个案例深刻地启发了我：遇事不忙做结论，不要操之过急，要对学生进行多方面深入了解，透过事件的表面看到背后的原因，换位思考一下，估计几种可能，就不容易发脾气了。你把他批一顿，他冤枉，容易逆反。这样既不能使学生心悦诚服，也不能体现教育者的风范。

第三招，"以曲取直"。太极拳招式之间的连接强调的是圆形、弧形，即使与人交手时也不去直来直去、硬碰硬，而是以曲取直。这种绕道解决问题的办法在班级管理中也有独到之处。

"郑老师，女儿这个暑假与以往假期有明显的变化，对学习的投入和信心都明显增强，感谢你一年来对她关心和帮助。"这是一位姓谭的家长前几天发给我的短信。她的女儿刚到我们班时，成绩排名倒数，对学习几乎失去信心，花钱大手大脚，一个月要千把块钱的零用钱，父母对她很不满意，尤其是母女之间存在着对立情绪。为了帮助她改变不良的学习和生活习惯，我要求她父母把零用钱放到我手上，同时，要求该女生每周六到我这里凭清单领一次钱，逐渐控制她大手大脚花钱的习惯。另外，我鼓励她加大对学习时间的投入，并通过任课老师表达对她的信心，要求她每天晚自修下课时把一天所完成的学习任务通过纸条压在我办公桌的台板下面。更关键的是，我每周末在她放学回家前都会和家长联系一次，找出她这一周一两个闪光点,然后提醒她父母在家适时表扬。期中考试成绩出来了,她在班里进步了一名。我又发短信给她父亲,放大进步这一个名次的意义。在这一年中,我打电话给家长放大学生的闪光点,借助任课老师表达对她的信心,通过同学转达对她的鼓励和关注,真诚而不露痕迹的迂回战略取得了良好的效果。她的成绩也一步一个脚印在前进。暑假夏令营,她父亲问她愿意去英国还是加拿大,她的回答是要恶补落下的知识。

通过第三者有意无意地表示对另一位学生的欣赏之情,是一种极为有效的方式,背后的赞扬通常都被认为是真实可信的,也更能感动人。反过来,通过第三者表示你的惋惜与无奈,这种以曲取直的方式,也比你直接说出效果更好。

第四招,"以退为进"。太极拳中以接招为主,主动出招的较少。当对方向你主动出招时,你应该顺着对方的"招式",把对方牵过来,并借着对方的力量,再顺势推出去,这样可力敌千钧,这"牵""推"的结合,实质是以退为进战术的巧妙运用。在班级管理中有些问题的处理,我们可以借鉴太极拳的"牵""推"招式,先接下问题,引导学生进入事理的评价,然后予以回应,可以取得触及灵魂的教育效果。

寝室管理是个头痛的问题,也是反映一个班级班风好坏的一面镜子。为了管好寝室,上个学期,在我的主持下,班干部们一起制定出寝室管理的奖惩规定,尤其是晚就寝期间因为纪律扣分的,要罚扫教室、包干区一周,一周内重犯者要罚扫教室一个月,应该说新生刚入学时,效果良好。但过了一个月问题来了,一周内先是 2422 寝室因为讲话扣了 1 分,再是 2424 寝室讲话扣分,接着是 2421 寝室讲话扣分,最后又是 2422……一周之内四个男生寝室有三个因为纪律扣分,而且 2422 一周之内两次。按照班规,每个寝室都受到了重罚。原本我以为重罚是一件利器,但是事与愿违,而且被罚的次数多了,学生也变得无所谓,学生逆反情绪在加重,师生关系处于对立边缘,该怎么办呢?有一天,英语老师说,想找两节自修课给他们放场英语电影,问我同意不同意,我一听马上答应,而且自告奋勇承担了这个任务。在周一下午的政教活动课上，我放了一场电影《肖申克的救赎》给他们看。看了之后，学生们很受启发。同时，我宣布了一条新规定：以后一周内全班寝室没有扣分的话，周一看场经典英文电影。学生一片欢腾，果真寝室扣分越来越少，直至为零。自从有了奖电影的激励之后，学生是倍加重视寝室扣分情况。万一哪个寝室扣分，还要向同学们千道歉万道歉。再后来，我把条件又变了一下，一个寝室一周不扣分并得到表扬三次以上，第二周奖一场电影。同时，寝室扣分不再加倍重罚，这样一进一退的方式非但没有引起学生情绪反弹，反而促使他们做得更好。

我想，如果当时爸爸也一直坚持当初定下的规定，会造成学生的逆反心理，甚至学生可能做出某些过激的行为，后果可想而知。以退为进，退一步，是为了更好地实现我们的初衷。给他们一碗"心灵的鸡汤"，我们的工作也会多一分收获。

爱你的爸爸

41. 从"我批评你"到"我点赞你"

西言：

　　哈佛大学的专家斯金诺通过一项实验研究证明，动物的大脑，在受到鼓励的刺激后，大脑皮层的兴奋中心也会开始起劲调动子系统，从而影响它的行为。同样的道理，人也期望和享受欣赏。相信你和我一样，都希望得到来自身边人的真诚鼓励和赞扬。正如美国著名心理学家威廉·詹姆斯所说："人性深处最大的欲望，莫过于受到外界的认可与赞美。"如今的我，正在不断尝试改变自己喜欢批评的习惯，倾向于用正面引导的方式开展班级建设。我把它称为"点赞"体系。

　　老师点赞学生。每次新班级组建，为了发挥心理学上的"首映效应"，让同学们首次出场就"惊艳亮相"，我特意利用在家访期间获得的信息，为每一位同学做了一张 PPT，里面的人物我都深情介绍。然后我请同学们"猜猜她是谁"。我以这样的方式，让每一位同学都以积极正面的形象出现在新班级面前。

我与学生相向而跑，为的是有机会为每一位同学点赞

　　学生点赞学生。为了让同学们之间更快熟悉更融洽相处，班级开展了"点赞他人，温暖你我"活动，每位同学每天点赞身边的同学，要求事情真实、感情真诚。比如"今天是军训第一天，我发现徐秋琰喊口号时声音特别

响亮，从她身上我感受到了友民提倡的'不怕吃苦不怕倒霉'的战斗精神，我希望自己能够像她一样，勇敢面对全力以赴"。而我每天要做的，只是找个时间在全班同学面前把这些温暖的鼓励分享给全班同学，让正能量在班级内部传播。

我发现徐丹丽总是会问我打招呼问好，我感到正能量满满的，我期待她每天都把正能量传送给我。

2019届高一（1）班的"点赞他人，温暖你我"活动

学生点赞老师。有时候，我们班的任课老师在上好一节课之后，会收到某位同学递来的小纸条，而上面的内容，多是对老师的肯定。有时候，他们会把对老师由衷的点赞写在"半月谈"里。比如宣芝欣就这样评价化学老师李敏君："我要点赞化学老师，即使我的化学'不堪入目'，即使我的化学作业总是晚交；她总是会认真细致批改我的作业，耐心教导我。她的笑容给了我很大的鼓励。"的确，老师也是需要鼓励的，来自学生的认可是老师工作的动力所在，这样的点赞，融洽了师生关系。

学生点赞自己。开学后，我们的每天点赞同学改为以一星期为一个周期，一直继续着。而我每天欣赏的，则是每一位同学的"每天点赞自己"。我们倡导，不仅要以欣赏的眼光去看待他人，更要用积极的态度去发现自己身上的闪光之处和进步，而我就是那个坐在路边为他们鼓掌的人。每天批阅同学们对自己的肯定，用这样的方式陪伴、激励他们挑战自己，勇于突破。

学生点赞家长。起初，我并没有想到这一点，因为毕竟我们点赞的，都是校园里朝夕相处的同学和老师以及自己。但是，当有学生在"点赞本"里自发地表达自己对父母家人的感激之情时，我发现这也是融洽亲子关系的良机。于是，我号召同学们开展点赞家人的活动，有些青春期叛逆的学生，虽然在家里和父母相处不是非常顺利，但是，理智告诉他，父母是如此深爱

自己,而用文字来表达,恰恰弥补了自己难以启齿的羞涩。当我把学生对自己家人的点赞通过微信转发给家长时,诸多家长的回复,也让我再次感受到亲情的可贵和伟大。

优秀,是激励出来的。西言,你说呢?

爱你的爸爸

42. 从"给你脸色"到"和颜悦色"

西言：

　　有句话这么说，妈妈的伟大之处在于孩子犯错时候的情绪平和。其实，作为班主任，何尝不该如此？特别是我们平时不经意间流露出来的眼神、语气和脸色，往往传递着让学生难以接受的信息，让学生在老师面前失去了安全感，甚至使他们不敢或不屑和我们面对面地交流。师生朝夕相处，学生平时不仅在"察言"更是在"观色"，老师的一举一动，一颦一笑，无不细致入微地影响着他们的心灵和情感。

　　爸爸曾经写过一封信给孟凡姐姐，今天也让你看看，希望对你将来的班主任工作有所帮助。

　　请原谅老师毒辣犀利的眼神带给你的伤害。记得有一次你数学考出了 95 分的高分，我却用怀疑的眼神盯着你，不相信是你自己考出来的成绩，仿佛是在审问一个做贼的小偷，其中分明在传递着一种不信任的情感，让本来就对数学充满畏惧的你，因为我质疑的神态再受打击。都说，师生交往很多时候不需要"言语的承诺"，更多靠的是眼睛在传递信息，而你非但没有从我这儿得到一个温暖的拥抱，甚至是一个鼓励的眼神也没有。如今想来，这简直是对你人格的侮辱，深深刺伤了一颗敏感而欲求上进的心灵，让我这个众人眼里所谓的优秀班主任每每想起无地自容。如今我知道，一个好老师，至少他平时的眼神是温润的，目光是柔和的。

　　请原谅老师阴晴不定的脸色带给你的伤害。有人告诉我，你们私下给我取了个绰号叫"变色龙"，刚刚还在和同事谈笑风生一到教室则马上板着一张马脸。有时候，我也在反思，我的性格其实并非如此，我也喜欢笑啊！为什么一出现在你们面前，就非得摆出个所谓师道尊严出来呢？莫非是想用这样的方式在学生面前树立威信，好让我随时随地都能"镇得住"你们？而我偏偏忘了，我也是学生时代过来的，曾经特别不喜欢高中数学老师的那张苦瓜脸，如今的我，竟然变成了自己曾经讨厌的那类老师，衙门作风"门难进、脸难看、事难办"在作为老师的我身上竟然也有所体现，让我的学生感受不到老师的亲切。西方有句谚语说得好："教师就是面带微笑的知识。"而最近我在学校开展的一个活动也印证了这一点，同学们在"我最不喜欢什么样的老师？"的问卷调查反馈中，回答"最不喜欢不会笑的老师"排在第一位。是啊，教师本来应该是最能让人感觉年轻的职业，就像我，一辈子永远和十七八岁的年轻人打交道，和朝气蓬勃的生命在一起，心情理应是愉悦的，脸上应该是洋溢着笑容的，而不是冷漠。老师的威信，"威"从"信"中来，唯有感受到我们的亲近，我们才能获得来自学生的尊重，而不是靠虎着一张脸吓出来的。

请原谅老师尖酸刻薄的语气带给你的伤害。我至今难以忘记那次你在我面前痛哭失声的场景，我用不容置疑的语气给你扣上了早恋的帽子，任凭你如何解释，只能招致我鄙夷的眼神和更严厉的质问乃至挖苦。虽然之后意识到自己错误的我在全班同学面前向你诚挚道歉，但我知道这已经无法弥补给你带来的心灵伤害，也不能掩盖我平时咄咄逼人、不留余地的语言风格所带来的后遗症。其实，同学们对此也颇有怨言，他们认为很多时候问题的关键不在于老师对学生说了什么，而在于会用什么样的语气和学生说这些话。在上学期我请你们给班主任我写学期评语的活动中，就有多人希望我不要再用类似"这么简单的问题你都不懂啊"的语气来回答学习上的问题，希望我不要用类似"你让我以后怎么来相信你"来界定生活中的规范问题。有人说，父母跟孩子说话的语气，将对孩子的情商、智商、气质、修养产生深刻的影响，而作为班主任何尝不是如此呢？一个只会用命令、讽刺、生硬的语气而不懂得用商量、鼓励、柔软的语气和学生交流的老师，怎么可能带得出一批自信、阳光、宽容的学生来呢？

西言，爸爸曾经多次表达过对你性格的欣赏，你是我们全家心地最为善良、脾气最为温润的一个。在这方面，你是爸爸的榜样。曾经，我总是以性格使然为借口来解释身上的诸多不足，庆幸的是，三尺讲台上犯下诸多违背教育规律错误的我，现在意识到了教师职业的性质决定了一位老师的体态语言是如此重要的交流工具。西言，不知你注意到了吗？

爱你的爸爸

六、 班风建设，喜看稻菽千重浪

43. 寻求改变，彰显主动精神

西言：

李开复曾说过，在所有最重要的人生态度中，积极主动应该排在第一位。而每次在国外留学的学生回来谈到中欧、中美学生差异的时候，其中一点是中国学生讲纪律、服从、含蓄，而国外学生则是主动、直接。为此，爸爸希望你无论在学习还是平时生活中，都要养成主动的好习惯。我也致力于引导学生拥有一颗积极、主动的心，培养他们积极主动的学习态度和人生态度。可以说，主动精神一直是爸爸所带班级的核心精神。

一是学习习惯方面。我发现学生到了高中，而有些学习习惯依然未改，比如乱丢学习用品，学习计划性很差，不善于通过查英语、汉语词典来解决问题。为此，爸爸结合班级实际，协同班干部制定了班级学习习惯培养计划，通过各种奖项的设置（如课堂优秀发言奖、课后优秀提问奖、最佳惜时奖）和相应的学习规定（如备忘本建设、下课 2 分钟回顾、作业每周抽查制度）来引导培养学生养成主动发言、主动学习的学习习惯。一段时间下来，有位学生在"半月谈"里说道："老师，看来您常说的'人不得不做一些自己不想做却做了有好处的事'这句话应验了，我现在深深地发现备忘本建设是如此重要，带给我莫大的帮助。"为了鼓励学生主动沟通，善于发言，爸爸特别提了"不怕倒霉"的口号，告诉学生，"学问学问"就是学会去问；"学问"是问出来的，是交流出来的。任何一个问题的难易是因人而异的，哪怕是一个简单得不好意思去问的问题，对自己来说也是很重要的问题。写作业速度比较慢，成绩较落后的学生，可以主动申请作业缓交，而某门课成绩较好的同学，可以主动申请作业免交和单元测试免考，以便有更多时间弥补自己的薄弱学科。

二是班干部竞选。爸爸动员每个同学积极推销自己，我们班的班干部竞选一直是学生主动上台演讲、当场唱票的方式，当然投票时参与竞选者离开教室。以课代表竞选为例，如果一位同学语文课代表没选上，他可以马上接下去竞选数学课代表。有一位比较胆小的女同学，大家对她了解不是很深，但她很执着，在接连竞选语文、数学、英语、物理课代表失败后，终于选上了化学课代表，至今，我们班曾经的化学老师还经常提起她，因为她非常珍惜自己争取来的这份工作，做得非常主动、认真、细致。所以，我班的寝室长、班干部都是学生主动得到的，或申请，或竞选，从来没有被动授予的。后来，我们班里的评优评先，比如三好学生、优秀学生干部等荣誉也是由符合条件的同学主动申请，并由全班同学投票表决的。就如李开复所言，只有积极主动的人才能在瞬息万变的竞争中赢得成功，只有善于展示自己的人才能在工作中获得真正的机会。

三是对于犯错误的人，我们班级提倡主动从宽。主动的学生享受首错免责待遇。对于寝室、教室扣分，只要是无意而为之的相关责任人主动到我这里解释清楚，事情即可过去。如果是有意犯错的，只要认识态度到位，并保证下次不再故意犯同样错误，也可享受首错免责待遇。这样一来的好处，既避免了师生之间的对抗，消除了不信任感；又加强了沟通，也迫使学生主动与班主任加强交流，锻炼了他们的沟通能力。

四是对于班级公益，我们班提倡不怕吃亏、不怕吃苦。如每次大扫除，让班干部感到痛苦的事往往不是因为没人干活，而是主动报名人数太多。参加年级诚信考场考试，只能用抽签方式决定。每周一的美文欣赏，是同学们主动推荐并与全班同学分享的。

西言，在积极引导学生有勇气来改变可以改变的事，让主动成为他们的人生信条和习惯的同时，爸爸更希望你也是一个这样的主动的人。

爱你的爸爸

44. 纠错行动，避免低效重复

西言：

现在每个周末，你还限时做数学错题吗？请一定要坚持。有人说这个世界上最有价值的习题不是专家出的试题，而是自己做错的习题。在平常的班级工作中，爸爸发现总有这样一部分学生，他们每天不停地做题，几乎把全国各地的模拟题都做了，但却没有用心思考和提升思维能力，真的考到相类似的题目时仍然不会做，成绩也不见起色。其实这种情况的发生与学生平时不愿意做整理错题的工作有关，他们往往觉得懂了就行，没有必要整理起来。不知道如今的你是否也有类似的想法？其实，整理错题是一个归纳的过程，能很好总结经验。怎样让学生意识到整理错题的重要性呢？为此，爸爸颇花了一番心思。

我决定从数学入手。我找到数学老师，请他帮我命一份试题，这份试题的所有题目都是本班学生本学期开学以来做过的并做错的，不作任何改动。同时我告知学生要在下周日晚上进行数学测试，而考下来的结果比我预想的还要差，全班 49 位同学，仅有 1 位同学满分，有 17 位同学不及格，最低分数 32 分，平均分 67 分。

周一班队活动课，围绕数学错题考试的结果，爸爸开了主题班会，首先请部分学生谈谈感受，有同学认为是粗心所致，有同学认为是时间长忘了当初怎么做的，有部分成绩好的同学说有些做错的题目自己也整理过，但可惜一直没去看过。之后，我请考满分的雷某谈谈为什么能考满分，他显得很谦虚："能考满分有点运气成分，但我有个错题本，那是实习老师林慧慧送给我们全班同学每人一本的。考试之前我把纠错本上题目看了一遍，有几题正是我原来做错的！"他的发言一下子切中了班会的主题，我马上打开了电脑上的 PPT。首先，学生看到的是近几年几位高考状元关于错题整理的一些经验之谈，如 2005 年杭州理科状元王昕恬：

"纠错题集并不是什么秘密武器，在我们班几乎所有同学都有这样的习惯。"2005年浙江文科状元本校学姐徐语婧："学习方法因人而异，但整理错题让我受益匪浅。"2009年陕西文科状元谢尼："除了典型例题，还需要重视自己出错的题目，错题集是许多成绩好的学生必备的，我也不例外。"2008年浙江文科状元申屠李融："纠错本绝对是可以运用的诀窍。"2009年金华理科状元单特："整理错题集很关键，将平时做过的试卷隔一段时间再重新翻阅，将重要的内容记录在摘录本上，然后就将试卷扔进垃圾桶"……状元们的经验让全班同学大为惊讶，个别学生私下窃窃私语，通过数学考试和状元经验，我初步达到了让学生意识到错题整理重要性的目的。接下来，我和全班同学共同探讨"建立错题本的目的""如何建立错题本""如何利用错题本"。

关于"建立错题本的目的"，一方面是为了通过错题本来提醒自己应引起重视的一些小毛病，如粗心大意，知识混淆等，另一方面是想借用错题本积累一些解题方法。

关于"如何建立错题本"，讨论的结果是循序渐进，不必全铺开，先从数学、英语两门开始，遵循"分类记载——原因分析——答案留白——定期整理"四步走过程。

关于"如何利用错题本"，要求学生做到经常回顾，相互交流，标注已掌握题目，逐步缩小范围，以避免耽误时间。

为了促使全班同学建立错题本，我又开始进行错题试卷考试。先由全班同学分学习小组上交本小组共性的典型错题，所有错题均为老师所发练习中全班同学做过的题目，然后由课代表把全班典型错题进行汇总，编成一份错题卷；每两周一份，通过学生自己的错题积累和全班的错题考试，班级数学成绩和英语成绩得到明显的提高。据2009届高三毕业的一位学生说道："有了错题本，就等于有了我所看的书的微缩本。它为我最后阶段的复习提供了绝好的材料，复习起来效率大大提高，事半功倍。"

其实，三道题做一遍的效果还不如一道题做三遍，每个学生的错题本，切中学生个人的弱点，是结合自己实际所提供的最适合的复习资料。只有从错误中学习，从错误中不断总结，不犯同样的错误，学习成绩才能持续提高。

西言，你是否收获到整理错题带给你的回报了呢？

爱你的爸爸

班级篇

45. 班级誓词，凝练团队精神

西言：

　　每带一届班级，我都要思考建设一个怎样的班级，怎样建设一个班级。这需要班主任未雨绸缪，从学生终身发展角度及早谋划。

　　凝练班级誓词，应该是始于 2009 届学生。在爸爸的设想中，这个班级的学生应该是这样的：他们个个喜欢运动，热爱阅读，勤奋学习；同学们生活在一个充满人情味、凝聚力和进取心的班集体中；尤为可贵的是，这个班级的同学把"主动"奉为圭臬——无论是学习还是生活中的点点滴滴，他们都相信"素质，只是不需要提醒"。基于这样的愿景，爸爸和学生一起商讨形成了以下誓词。

　　我们宣誓

　　自觉锻炼做身心健康的一班人

　　加强阅读做精神富有的一班人

　　勤奋学习做成绩优秀的一班人

　　我们宣誓

　　互相激励建设最有人情味的一班

　　团结协作建设最有凝聚力的一班

　　执着坚持建设最有进取心的一班

　　我们宣誓

　　我们践行主动

　　我们不怕吃苦

　　我们不怕倒霉

　　我们坚信

　　高一（1）班非同一般

　　为了让班级誓词内化于心，外化于行。我们全班在每周一班队活动课都要举行宣誓仪式,有点类似于你小时候的少先队入队仪式。刚开始的时候,你会发现有几位同学怕难为情喊不出来,但是这恰恰是班级誓词里面"不怕倒霉"的要求,慢慢地,同学们口号声越来越响亮。当然,并不是所有同学都觉得有必要在每周班会课上"大喊大叫"的,他们认为关键在于行动,而不是这样的仪式。在这个问题上,爸爸坚持了自己的想法,就如《小王子》这本书里面有段对白,狐狸说:"你每天最好在相同的时间来。比如说,你下午四点钟来,那么从三点钟起,我就开始感到幸福。时间越临近,我就越感到幸福。到了四点钟的时候,我就会坐立不安;我就会发现幸福的代价。但是,如果你随便什么时候来,我就不知道在什么时候该准备好我的心情……应当有一定的仪式。""仪式是什么?"小王子问道。"这也是经常被遗忘的事情。"狐狸说,"它就是使某一天与其他日子不同,使某一时刻与其他时刻不同。"

如果没有实质行动,班级誓词有可能成为教室墙壁上的一纸空文,成为每周班会课上毫无意义的形式主义活动。可贵的是,几乎班级所有建设行动都是围绕着班级誓词展开的。比如班级开展的"健康五个一"活动、"周五相约大操场"活动、每天平板支撑活动,以及建立班级心理健康小社团活动等,都是围绕着"自觉锻炼,做身心健康的一班人"展开的。寒暑假的名著阅读分享活动,每周的美文分享活动,目的是让同学们致力于做一位"精神富有的一班人。"班级互助合作小组的建设,让同学们互相激励、团结协助。

做一个怎样的人,建一个怎样的班。班级誓词。可以凝聚同学共识,凝练班级精神。

爱你的爸爸

46. 毕业纪念册，承载美好记忆

西言：

你是否记得自己三年级结束后的那本班级纪念册？从你经常翻阅而露出的微笑中，爸爸知道，那里面承载着你三年时光的温暖记忆。而且，纪念册更大的价值是留待未来的，当长大成人的同学相聚在一起，你会发现，那本小小的纪念册，里面满满的都是故事。

你曾经看过爸爸带的 2006 届、2009 届、2012 届、2015 届的班级纪念册，我也曾经问过你，我们班的班级纪念册和你们班的有哪些不同之处。的确，和你们小学生相比，高中生的纪念册无论内容还是形式都是极其丰富的，最难能可贵的是，纪念册，老师是完全不必操心的，全部都是同学们自己独立完成的。

在我们班里，轮到班级管理的小组会把班级一周的各种活动，在周末整理后存放到班级 QQ 群里。从艺术节这类重大活动，到同学生日，抑或是班级偶尔发生的小事件，都可能被同学用相机或文字记录下来，成为班级珍贵的史料。等到寒暑假，班级纪念册编委会成员就会分工合作，分类整理，该删除的删，该修改的改，该添加的添，以便后续工作的顺利开展。

按照诸多兄弟班级的经验，纪念册印刷费用一般都是同学们以班费的形式上交后付诸使用的。但是，我们班每一本班级纪念册的经费来源，都是同学们"厚着脸皮"拉来的赞助，他们或者走在大街小巷，以在纪念册上刊登广告的形式动员那些陌生的店主慷慨解囊，或者以学弟学妹的身份拜访二中校友，希望学长学姐能给予力所能及的帮助。这个过程，无论是艰辛，还是顺利，对同学们都是一次极好的磨炼。曾经有位同学，刚开始信心百倍，但真的经历其中，才知道要学会班级誓词里面所强调的"不怕倒霉，不怕吃苦"是何其不容易。庆幸的是，每届学生最终都能筹集到相应的款项，这也让他们倍加珍惜。

部分毕业纪念册的封面

至于班级纪念册的内容，那真的是五花八门。既有教师节颁奖典礼给老师图文并茂的祝福，也有同学生日改编的搞笑庆生话语。既有平时活动中的花絮，也有毕业离别的感慨。即使是书名，也是颇费周折的，比如2012届，我带的是三班，同学们给纪念册取名就叫《三载弦歌》，寓意为生活在三班的三年如歌岁月。而2015届的班号是一班，他们在高一结束的纪念册是《一犹未尽》，意味着高一在一班的日子这么快就结束了；毕业的纪念册则是《一生有你》，表达的是一班三年下来永远留存的那份同学情、师生情。西言，你是否发现，爸爸的学生才是"真有才"呢！

西言，编集一本班级纪念册，其实，过程比结果更重要。这个过程不仅是同学们在一起回忆走过的日子，更是在锻炼同学们的编辑、协调、沟通能力。

爱你的爸爸

班级篇

47. 寝室文化，传播温暖友善

西言：

不知道对于住校的生活你是否适应？当来自不同家庭、有着不同生活习惯的六七位同学生活在同一个寝室的时候，如何处理好彼此的关系，有时，的确是一种挑战。很多时候，特别是女同学会为此而心生诸多烦恼。而对于寝室，我一直是特别重视的，因为它不像教室——同学们面对的主要是与学习有关的东西，和每一个人的生活起居没有关系，且又有老师的陪伴。如何让寝室成为像家一样温暖的地方，需要学生相互的磨合，也离不开班主任的协调。

每次新班级组建，如何让每一位同学找到自己朝夕相处的室友，是我最为重视的一件事。其实，这时候家访的意义就显得特别重大，因为这样我才能通过了解学生不同的生活习惯、性格脾气、交流方式，将每一个人合理安排到相应的寝室，让他做一个合群的室友。公布寝室的名单，让学生知道自己在哪个寝室，室友有哪几位，也是有讲究的。做这件事的人，其实并不是我，而是我事先确定的临时寝室长。他们会通过电话的方式主动联系寝室其他同学，真诚地欢迎每一位同学加盟自己所在的寝室，并邀请他们在开学前一起参观和布置寝室。在共同劳动的过程中，也播下了同学之间友谊的种子。

开学后，我们班级的每天点赞同学活动更是对寝室成员之间建立信任关系起到了很大的作用。每位同学都用自己慧眼去发现身边的美，传播友善，传递温暖。在这样的环境中，同学之间哪怕有些误会和摩擦，也会通过沟通，而较为容易地得到解决。

高三的学生公寓住宿条件更好了，每个寝室从八人减为四人，也就意味着原来的人员结构又要进行调整，很多学生日久生情难舍难分。而此时的我，恰恰找到了教育的新契机，开展了"成新家立学业"活动，为自己新的

"家"取个温馨的名字,同时定家训、树家规、严家风。同学们也是煞有介事地召开"家庭"会议,热烈讨论方案后最终定稿,并把相关内容张贴在寝室显眼处,要求大家共同遵守。把班级的要求内化为每个寝室内部成员共同的约定,这也验证了我一直倡导的"把有意义的事情做的有意思"的想法。

有人说,看一所学校校风学风好不好,去三个地方就足够了,除了厕所和食堂,还有就是寝室,而我同样认为,一个和谐奋进的寝室,哪怕是高考成绩,想差一点都难!那些频频出学霸的寝室,他的室友也一定不会差到哪里去。记得 2012 届的高三(17)班,一个寝室三位同学,除了北大和清华各一位之外,第三位同学考取了上海交大。人是环境的产物,和什么样的人在一起,真的很重要。和进取的人在一起,行动就不会落后,和阳光的人在一起,心里就不会晦暗。一个寝室的室风,就是一个家庭的家风。

西言,愿你生活在一个温馨和谐勤奋进取的寝室里。

爱你的爸爸

48. 感恩老师，搭建信任桥梁

西言：

在爸爸眼里，一位优秀的父亲，一定是竭力让他的女儿和妻子欣赏他的人。同样，一位优秀的班主任，一定是让学生和任课老师"彼此相爱"的人。身为班主任，爸爸一直努力在做构建任课老师和学生之间信任的桥梁。

"老师，请您喝水"，这个被我称之为"课前一杯水"的举措，来自于每节课前，同学们想为每一位上课老师带去大家的感恩之心，希望滋润的不仅仅是老师的喉咙，更能润泽老师的心田。老师的职业幸福感，并不都是非得用物质来衡量。

"纸条点赞老师"，每节课后，我们班的任课老师都会收到类似的纸条，这是某一位同学对老师由衷的点赞。这样的方式，我一直坚持让学生们去做。因为我始终认为，不仅是学生，老师同样也是需要鼓励的；这种鼓励和信任，既可以来自领导、同事，更可以来自学生。身为老师，没有比获得学生的认可更感到幸福的事了。这种方式的另一个好处，就在于师生之间用这样的非正式交往实现了彼此的认识乃至更深的理解。

往年的教师节，学生都要用大家凑起来的班费为老师们买礼物，同学们变着戏法，希望能给老师送上自己真诚的祝福。感恩老师，本来无可厚非，但却让本就捉襟见肘的班费瞬间缩水。从 2009 年开始，我们开始变得"越来越小气"，几乎不花一分钱，但却让每一位老师感动不已，其中的一种方式就是为老师们"颁奖"，文字的力量是能温暖人心的。不妨看看来自 2009 届高三(1)班数学课代表给数学郑志坚老师的颁奖词，把一位性情平和的优秀数学老师的形象刻画得入木三分。

高三(1)班"春蚕红烛奖"颁奖典礼

颁奖词——潘望

颁奖嘉宾——王健

获奖者——郑志坚老师

奖项——"心平气和"奖

孔孟儒学之道铸就您的心平气和；

茉莉水仙骨朵绽放您的可爱笑脸；

晚饭一盅小酒点燃您的数字灵感；

紫砂茶壶石板凳传递您的"隐士高人"称号；

——左手插进裤袋，摸索第 N 种优美的想法，

右手举起粉笔，撑起一片安详的数学天！

而 2012 届(3)班的语文课代表徐璐给李向阳老师写的颁奖词，则是另有一番风味。

有两种伟大的事物，我们越是频繁越是执着地思考它们，我们心中就越是永远充满新鲜、有增无减的赞叹和敬畏，那就是我们头上的星空和我们难忘的师恩。

学海无涯，是您撑一支长篙，与我们徜徉在碧波万顷赏花开花落，触碰春花秋月的曼妙。

卷帙浩繁，是您执一盏烛火，伴我们穿梭在时光长河，品古今中外，笑看金戈铁马的豪迈。

日复一日，质朴的话语循循善诱曾记录我们的蜕变在字里行间，年复一年，粉笔的细屑无声飘落却镌刻谁的辛劳在三尺讲台。

文弱的身躯，藏不住怎样的一种高山万仞。

遒劲的手下，倾泻出怎样的一道长河千里。

睿智的眼眸，折射出怎样的一轮喷薄的红日。

翩翩的气度，诉说着怎样的一句我本风雅。

可想而知，这样的师生关系，一定不可能是剑拔弩张的，而是温馨和谐的。历史毛建清老师就曾这样评价 2012 届的哥哥姐姐们：

班级篇

147

从教二十多载，已数不清送走了多少茬学生，但在我的记忆和对比中，我曾在不同的场合多次申言：2012届(3)班是我最喜爱的班级！

真诚、宽容、和谐、大气、阳光、富有爱心、责任心强、凝聚力大、善解人意、人情味浓……语言是我唯一的强项，但我已很难用语言来完整、全面地概括这个班级的特色。这里，固然有友民叔叔巧妙引导、言传身教的因素，而我认为，更主要是发自同学们做人的本真。

当我没用早餐就匆匆赶来上课时，从后面不断传上来的牛奶、面包以及"先吃饭、再上课"的提议，让我倍感欣幸；

当我嗓子喑哑，难以为继时，传上讲台、送到办公桌的感冒药、金嗓子、润喉片，令我感动莫名；

当我因杂事缠身，无法及时辅导甚至上课时，同学们的理解、大度令我倍感惭愧；

当我为三班的历史成绩稍稍滑落而愧疚时，同学们的宽容和鼓励令我顿感释怀、斗志弥坚；

当我在课堂上东拉西扯、天马行空时，同学们激赏的眼神和善意的掌声，令我激动不已……

三年了，记忆中好像从未在教室里板起面孔训过人。不是我脾气太好，不是同学们已做得完美、天衣无缝，而是因为我太"溺爱"这帮孩子了！步入中老年行列后，来到教室，看到这一张张可爱的面孔，心底里油然而生一种亲切、亲近、亲昵的情愫。还记得我说过的话吗？"援引苏联影片的旧例，历史老师是什么？——是你们的父亲！"这一观点，我在教室里也曾多次表达过。不是为了取悦、迎合大家，我这一大把年纪，根本没有必要，这实在是发自肺腑的真情告白。

我向来认为，作为学生，第一要务是学会做人，其次是学会学习。可以说，"做人"这门学问，三班的同学已渐臻佳境。这将是你们以后逐鹿职场、快意人生的"倚天剑屠龙刀"，将是一笔无尽的财富！

慷慨激昂之时、从容淡定之时、踌躇满志之时、黯然向隅之时……请记住,在衢州二中的一个角落,有一抹"父亲"的目光,在殷殷地关注着你们!

孩子们,加油!

西言,我相信,这样的班集体,你也会觉得很温暖。

爱你的爸爸

49. 亲子沟通会，拨动柔软心弦

西言：

随着年龄的增长，父母和孩子之间的交流不再像小时候那样顺畅了，尤其是到了高中阶段。青春期的你们对世界多了自己的看法和理解，亲子之间的沟通成了难题。诸多的老师和家长把这个归结于青春期的叛逆，有的甚至认为是你们的心理问题。其实，更多时候，这只不过是大人们的固执己见。你们的精神世界需要我们去理解、去关注，班主任工作的重要使命，就是帮助建立亲子之间的信任关系。

每带一届学生，爸爸都会精心策划一个亲子沟通会，形式和内容则视实际情况而定。最近的一次，主题是"因为有爱"！第一个环节叫"萌萌的他（她），你我是否认得出？"让全班同学猜猜其中的人是哪位同学，素材则来自家长事先偷偷发给我的某位孩子小时候的照片。同学们在笑声之余发现：原来，我们变化竟然这么大！在一旁主持的我则悠悠地说道："我们在悄悄地长大，而父母的白发也在增多。"接下来，则是由当事同学回忆"儿时的故事，你是否还记得？"那一个个感人的故事，很多学生自己早已经忘记，而父母却把这份记忆沉淀在内心深处。第三个环节的内容，是我受一个公益广告的启发，主题为"因为有爱，每句话要好好说"。视频材料反映的是日常生活中，家长对孩子和孩子对父母较为粗暴的语言沟通模式。当与会的人看完相应的材料后，我的一句"你是否也会用这种方式对待自己最亲的人呢"引发了在场诸多父母孩子的共鸣，并向自己的亲人表达了自己的歉意，甚至相拥而泣，场面尤为感人。而我则成了一位站在边上鼓掌的人。

哈佛大学持续七十六年跟踪了七百人的一生，试图揭示"什么样的人最幸福"，最后发现拥有"温暖人际关系"的人幸福感最强。作为一线班主任，多年的实践告诉我，我们完全可以成为一座桥梁，成为融洽学生家庭、温暖亲子关系的重要他人。以下是带 2006 届高二(1)班时,爸爸策划的亲子沟通会,多年之后仍让一些家长记忆犹新。

首先,朗诵旧信,营造氛围。

师:"不经意间,我们即将一起走过 2005 年……接着,我们又迎来了我们五十八人今生同窗的最后一年……"同学们,是否觉得我所读的似曾相识,曾经看过?(注:通过老师朗诵去年高三开学第一天题为《写给我一班的同学们》信的开头一段话,勾起同学们对高三一年的回忆,分析时光匆匆,高考即将来临。)

生:略。(几乎所有学生都能记起我写给他们的那一封信。)

然后,教师讲述,引出主题。

师:再过半个月,我们将走上考场;再过两个月,我们又将身处新环境,接触新同学,面对新老师。但是,有些人在你心目中永远无法替代,而对他们来说,无论你走到哪里,你永远是他一生的期待和财富。今天,老师瞒着你们把"他们"——也就是你们的父母也请到了现场,是为了让我们"沐浴在亲情的阳光下",真诚沟通,减轻压力,坦然面对人生考验。

(多媒体:沐浴在亲情的阳光下)

一、关键时候,亲人有何感想

师:高考即将来临,也许现在的你有所恐惧,有所焦虑,而此时你们的亲人又是一种什么样的心情呢?我这里有一封母亲写给女儿的信,在征得母亲同意的前提下,让我们走进这位母亲的内心世界。

(多媒体:一封家书,班里其中一位单身母亲写给女儿情真意切的信,内容略)

师:不知大家听了、看了这封信的内容之后有何感想。其实,人世间唯有父母亲情是永远无法替代的,有一位初为人母的妈妈这样说道:当我第一眼看见女儿的时候,我恨不得把全世界所有美好的东西全部捧到她的眼前……

班级篇

（注：通过这封有代表性的信的内容，让学生慢慢了解父母的真实情感世界和对他们的鼓励。）

二、儿时故事，你可记得吗

师：同学们，也许小时候的点点滴滴，你们早就忘了，可是你的一个眼神，一句话语，一个动作，却深深地印在父母的心中。他们感悟着、感动着、感恩着。今天，我选取了你们父母提供的几个儿时的小片断，不知在座的你是否能想起？如果说的是你，请你站起来，告诉大家当时的情景和你现在的感受。

故事一：

女儿，还记得吗？那是在你读初二的时候，你代表市音乐协会参加浙江省在杭州胜利剧院举办的全省少年儿童"虎丘"杯民乐大赛。当时，在场的我真为你捏一把汗，担心你怯场。但是，你用你的勇敢、自信和执着为衢州市争得了荣誉，妈妈因为你而自豪。

生甲：我很诧异，妈妈把我参加什么比赛、什么地方、什么名称能记得如此清晰……

故事二：

女儿，不知道你还记不记得，六岁的时候和外婆出去走散的事情？你知道吗？妈妈当时就好像没了魂似的，满街地找你。突然我看到一个小小的身影走在人行道上，没有哭。当妈妈冲过去把你紧紧抱在怀里的时候，你哭了，哭得好伤心，妈妈也哭了。

生乙：那时，我在走的时候没哭，但是，当我见到妈妈的时候，我哭了……

（注：该生在回忆时已双眼湿润。）

故事三：

十来年过去了，孩子，你还能想起当时的情景吗？那年，我们一家三口到苏北奶奶家过年，北方的冬天特别冷，晚上我骑着自行车带着你从三公里外的姨奶家回来时,厚重的积雪,使我们只能蹒跚而行,旷野的寒风和鹅毛大雪,使我们根本睁不开眼睛。我内心非常紧张,生怕你从车上摔下来,推着你步履蹒跚,身上却急出了汗,嘴里还鼓励你要做个勇敢的孩子。当我看到你冻得发紫的小手,牢牢得撑着小伞,绷紧小嘴,眯着眼睛,朝我坚定地频频点头时,我差点流泪,那一刻,你让妈妈感觉有了力量和依靠。

生丙:母亲是儿子永远的依靠,那时候还小,就觉得坐在妈妈后面,风雪会小很多……

故事四:

女儿,不知你是否记得,你八岁的时候,周末放学回家途中买了两碗豆花带回来,一定叫外婆吃一碗,说很好吃的,事过几天,外婆跟妈妈说,外孙女真懂事。女儿,妈妈因为你的孝心而感动,但一直没有跟你说,现在借这个机会说声谢谢你,女儿。

生丁:说心里话,没想到外婆会把这么一件小事告诉妈妈……

故事五:

儿子,你还记得吗?就在你十四岁那年,你曾对你妈妈说:"妈妈,等我病治好了,你带我去看杨浦大桥,好吗?"听你这么说,你妈妈一把将你搂在怀中,哽咽着说,好儿子,我一定带你去。儿子,一个健康的你就是我们在这个世界上最宝贵的财富。

(注:这是一位特殊的小孩,生下四十八天就查出先天性心脏病,十五岁时在上海做人造心瓣手术长达七小时,几度与死神擦肩而过,父母为此几乎耗尽了全部的家产和精力。)

生戊:(已经泣不成声)……当我从手术台上醒来的时候,我全身插满了管子,那时候,我很想很想爸爸妈妈。其实,我很爱爸爸妈妈,但我不善于表达,我相信我的爸爸妈妈是知道我很爱他们。我成绩没能上去,但我会努力的,今天我的爸爸也来了。我想告诉爸爸,"爸爸,我爱你"。

(注:几乎全班同学都哭了,很多家长流泪了,我也双眼潮湿。)

故事六：

女儿，你上初中时，妈妈会说让你拿一些不穿的旧衣服给来自农村的同学，你对妈妈说："妈妈，不可以这样，不要等到自己不要才想起送给别人，要送就买新的送。"你的话给了妈妈不少的启发，无论对待什么人都要真诚。

（注：这位母亲今天老毛病犯了，卧床不能起来，早上向我打电话请假，但她还是来了。结束时，她握着我的手说："郑老师，我庆幸我还是来了。"）

生成：想起这件事，我其实更想对妈妈说，"妈妈，当时我态度很差，其实，每一次和你吵架之后，我都是很后悔的。妈妈，女儿更应该感谢您的宽容和教导"。

师：人是需要鼓励的，心是需要沟通的，爱是需要表达的。人不仅仅为自己活着，也为了天底下关爱我们的和我们所关爱的人而活着。今天，不仅仅有母亲写信给女儿，也不仅仅是以上六位父母亲与你们回忆过去，其实我们全班几乎所有的父母亲，他们都给他们的子女写了一封信。现在，请允许我把这封信转交给你。

（多媒体：学生阅读父母来信，背景音乐《感恩的心》）

师：也许信的内容是你经常听到过的，也许描绘的事情是你觉得很细小的，但这并不妨碍父母对你深沉的爱。今天，我们班也有一位跟老师一样来自农村的父亲，他不会写信。但我想请他对儿子，对所有同学说几句，掌声欢迎忠琦爸爸……

家长：我没读过书，也不会说话，今天这个场面我也很感动，特别是儿子进了高中之后成绩进步，身体健康，我很开心，也祝所有同学高考顺利……

三、爸妈，女儿/儿子想跟你说

师：没有华丽的语言，只有衷心的祝福。同学们，你们的父母当然希望你能努力学习并取得进步,但更希望你能健康成长并快乐生活。他们当然希望能与你分享阳光,但更希望为你分担忧愁和痛苦。也许沉重的学习压力让我们忘记了跟父母说声谢谢;也许匆匆的步履让我们无暇停下与父母好好沟通。那么,今天,借助这个特殊、有意义的场合,同学们,如果你有话要说,请告诉你的亲人。

(多媒体:爸妈,女儿/儿子想跟你说……背景音乐《烛光里的妈妈》)

生A:谢谢妈妈,在信中用您浪漫的情怀给我画了几条小狗,因为妈妈知道我喜欢小狗。您是想用这种方式为我减压……因为有您,我不会害怕任何考试。

生B:人说母爱如水,父爱如山,父亲是儿子眼中最伟大的靠山,请同学们给我父亲也给我们所有的父亲一次掌声好吗?

生C:妈妈,您每次写给我的纸条我都保存着,其实,我也不想惹您生气,请相信女儿是爱您的,别生女儿的气……

生D:我今天以为是妈妈来的,因为今天不是周末,爸爸一直很忙,我不知该说什么……我想告诉爸爸,"爸爸,我很怀念小时候骑在您肩上的美好时光"。(同学们笑得很开心。)

生E:妈妈,谢谢您和爸爸一直鼓励我,虽然我成绩不好,但我没有放弃,因为这里有我尊敬的老师,要好的同学,这也要感谢您一直对我的教诲:做一个真诚的人,一个有进取心的人。

生F:……

(注:一共有近二十位同学主动拿起话筒道出心声,大大超过了预设时间。)

四、孩子,爸妈想告诉你……

师:同学们,在这特别的场合,相信你们的家人也会有很多感触。我们接下来,不妨听听来自父母的声音吧。

(多媒体:孩子,爸妈想告诉你……背景音乐《亲亲我的宝贝》)

家长1：我想对儿子说："儿子，爸爸已经说了，一个健康生活在这个世界上的你就是上天赐给我和你妈妈最好的礼物……剩下的二十几天，让我们把努力留给自己，把结果留给命运。"

（注：这是前面故事四中的学生的父亲，他回忆了儿子和死神搏斗的点点滴滴和平时他们夫妻俩所承受的巨大压力，四五分钟的话让在场的人无不动容。）

家长2：女儿，你不是说奶奶很想爸爸吗？等你高考结束，我们一起到你爸老家去看望奶奶，好吗？其实奶奶也想念她的孙女……

家长3：女儿，有时你回家会觉得郑老师冷落了你，但其实，他是一个我们家长满意、善于沟通的好老师。我建议，你要跟他多沟通。我们在这里用掌声感谢他，好吗？

（注：这是我意料之外的，也让我很感动，在这之后又有八九位家长发言，因为时间关系，我只好继续下面的环节。）

五、因为有爱，我们不再孤独

师：同学们，也许你也想告诉父母亲你对他们的爱……现在，我建议——走到你的家人旁边，给爸妈一个紧紧的拥抱，并告诉他们你很爱他！

（注：此时此景，母子、母女、父子、父女相拥而泣，场面感人。）

师：最后，同学们，让我们共唱一首满文军的《懂你》，献给我们的父母。

（点击多媒体，背景音乐《懂你》）

（注：父母也加入了歌唱的行列。同时，我宣布晚自修可以回家，亲情沟通继续……）

［活动感受］

在活动结束之后，我陆续收到了一些家长和学生的手机短信、网上邮件，甚至是书面来信，既有高考前的也有高考之后的。

家长A："郑老师，我是冯琳妈妈，谢谢你为我们母女搭建的沟通平台，如今，冯琳再也不像以前对我存有戒心，我们又可以敞开心扉，畅所欲言了，我们家里重新充满了温馨和睦。无论冯琳今年高考考得怎么样，我们都会理解并继续信任她。女儿对我们的理解和信任是我们最珍贵的……"

家长 B："郑老师，我一个大男人，自从做了父亲后几乎没哭过，但这次你们的活动却让我抱着儿子哭出了声音。谢谢你，你让我和儿子之间有了更多的语言交流。"

家长 C："友民老师，沟通打开信任之门，而你是我与女儿沟通的桥梁。谢谢你，祝你教师节快乐！"

学生 A："老师，我收到了南京大学的录取通知书，能有这样的结果是我未曾料到的。感谢您经常与我爸妈联系，特别是考前的那次'换位思考'的沟通活动，让我轻装上阵，才有今天的成绩……"

学生 B："三年前，听了您的政治课，知道了政治原来也可以如此生动。而如今，作为您的学生，更知道在您的手下，除了身处一个有人情味、凝聚力和进取心的团队，还能享受到亲情带来的幸福。也许，这就是您的与众不同吧！"

西言，看完上面的文字，你有什么想对爸爸说的吗？

爱你的爸爸

50. 出差礼物，传递师长牵挂

西言：

　　爸爸出差在外，最喜欢给你买的礼物，就是书和本子了。当然，如今大家更喜欢通过网络购买，既方便又省钱。但到了外地，还是会给你和学生带点"好货"回来。

　　这些年由于做讲座，周末出去的次数较多，每到一地，我一般都会问问当地有什么比较适合学生吃的土特产，等讲座结束，顺便带点土特产回来。所以，去了金华，我会给大家买些酥饼；到了义乌，我会给同学们带回姜糖和麻花；去了舟山，免不了给同学们带点海货……

　　有一次，我到山西，趁机去了平遥古城。一起去的同仁在逛街的同时，也纷纷给家人带些当地土特产。而我，则买了五十一张平遥古城的明信片，坐在客栈里，花了三个小时为每一位同学写上了我真诚的祝福。可惜，写完后已经是晚上十一点，我忘记了买邮票，只好第二天去了另一个地方的邮局投递。当我回到学校的时候，同学们早已经收到了我在山西寄给他们的明信片，从他们的眼神中，我收获的是信任，还有那份像家人般的亲情。

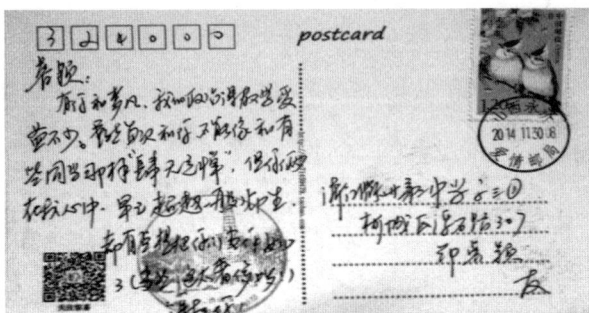

从平遥古城寄给学生的明信片

　　之所以愿意做这样的事情，只是想告诉我的学生：在我陪伴他们三年的高中岁月中,他们和你一样,都是我的牵挂。在我的内心深处,除了你,也有一块地方属于他们——我的学生!

其实,即使不外出,我也经常给同学们制造意想不到的小惊喜。炎炎夏日的某个晚自修,一支冰棍会给同学们带来清凉的感觉。冬天的日子,刚刚出炉的烤饼则会辣到他们眼里满含泪水。六一儿童节到了,我在门口不亦乐乎地为他们发放棒棒糖。运动会期间,当地最有名的大包子让兄弟班级的学生口水直流。偶尔的一杯奶茶,直叫同学们高兴得呼"万岁"。诸如此类的小惊喜为他们枯燥的高中生活,平添了一丝色彩。

为了表彰先进,激励全班,爸爸还自掏腰包设置了"友民奖学金"!

2018届高一(3)班"友民奖学金"征求意见稿

为奖励先进,鼓励本班同学积极进取,特设立"友民奖学金"。具体评定、颁发规则如下。

1. 奖学金由班主任个人出资设立。每学期评定、颁发一次,每次奖金约为1200元。

2. 每次奖学金设一等奖2名,奖金200元/人;二等奖4名,奖金100元/人;三等奖8名,奖金50元/人。每次评奖视具体情况稍作调整。

3. 产生办法如下。

(1) 一等奖2名

①行为规范量化考核第一名。

②学习积分榜第一名。

(2) 二等奖4名

①期末考试班级总分第一名且进入年级前50名。

②行为规范量化考核第二名。

③学习积分榜第二名。

④期末考试总分进入年级前100名中进步幅度最大者。

(3) 三等奖8名

①期末考试总分进入年级前 200 名中名次靠前的 3 人。

②期末考试总分进步幅度最大的 2 人。

③各项活动中表现优异者 3 人，由班助推荐，班主任确定。

每次奖学金于第二学期开学第一天颁发，邀请家长参与，并对获奖者颁发获奖证书。

西言，你看爸爸的奖学金方案，还有没有需要完善的地方？

爱你的爸爸

51. 注重细节，习惯自然养成

西言：

带一个班级，其实就像妈妈带你一样，不可能天天给你过生日、搞活动。教育家李希贵老师在他的《新学校十讲》中曾说过："教育无小事，这是人们普遍认可的，教育也没有多少大事，这是被我们一天天的教育生活所证明了的。但是，单调、重复的学校生活，常常让我们忽略了这些天天发生在身边的小事，当遇到所谓有可能影响孩子终生发展的大事再试图殚精竭虑的时候，却发现为时已晚，因为天天发生的小事铸就了孩子们的魂魄。"而教育家顾明远先生更是指出"学生成长在活动中，教书育人在细微处"。可见，班级建设都在细节之处。

在我们班级，上课向老师问好的方式是和其他班级不一样的，都要加上老师的姓。比如我去课堂，学生都会这样起立问候："郑老师好！"也许你会不解为何要如此，实际上我是想通过这样的一种方式，让老师感受到这份问候是专门献给他的，让老师收获温暖。同样走在路上，我也提倡如果遇到老师，一定要带上他的姓来打招呼，如果是其他不熟悉的老师或者员工，我们也要主动问候，即使我们不知道他姓什么。而我自己也是一直这样要求自己的，如果遇到熟悉的学生，就会叫上他的名字，比如"西言好"；如果有两三位一起，而我只叫得出一位同学名字，我就会招呼"西言和西言的两位好朋友好！"如果有好多同学一起，而且我基本上不知道名字，你猜我会怎么办？我就会尽快了解人数，如果总共是五名学生，我就会说："五位同学好！"碰到路上学生和我打招呼，再忙我都要回应，因为这是对他的尊重和感谢。

在我们班级，扫地和擦黑板都要求按流程进行。比如扫地，要求是"一扫二洒三拖四洗五晾"，就是先用扫把扫，再专用洒水桶洒水，后用拖把拖干净，接着把拖把洗干净，最后把扫把放好拖把晾在专门的地方。流程意识，就是规则意识、习惯意识，让全班同学按流程办事，就是要求大家养成习惯、尊重规则。擦黑板也是有讲究的，首先是用黑板擦擦干净，接着是把黑板擦放到除粉尘的专用箱子里除去粉笔灰，第三步是用干的毛巾擦黑板，第四步是用湿的毛巾擦，第五步是再用拧干的毛巾擦去黑板上的印记。同时，还要特别注意黑板槽是否干净。最后是整理讲台，擦拭干净。有些同学刚开始很不适应，我们就把流程贴在黑板边上，时间长了，习惯自然养成了。

西言小学三年级打扫卫生的场景

在我们班级，下午和晚自修离开教室时是要把自己的凳子反放在桌子上的。你知道为什么吗？这是为了打扫卫生的同学能够快捷地把教室地面打扫干净。其实，每位同学都要轮到打扫卫生，这种"我为大家，大家为我"意识的养成，有利于班级互助友爱的精神的培养。

在我们班级，每次的测验都要求"桌面清空，单人单桌"。这的确让很多同学觉得有点麻烦，毕竟桌子上都是堆积如山的书本，经常搬来搬去不方便。而我是出于两个目的：让学生养成及时整理书桌习惯、要认真对待每一次测验。唯有平时认真对待，才可能在正式大考时做到从容应对。

在我们班级，每天都要齐唱班歌。以前只有运动会、元旦晚会、大合唱等重大活动的时候，同学们才会想起唱班歌。而如今，我们把齐唱班歌常态化，用饱满的精神状态让班歌伴随我们，激励我们前进。

爱你的爸爸

学校篇

XUEXIAO PIAN

七、打破常规，旧瓶装新酒

52. 变"老师要求"为"学生需求"

西言：

学校的很多举措，出发点往往是非常美好的，然而当要求学生落实的时候，结果往往不尽人意。这和我们当下一直以来"重训导轻对话，重管控轻服务"的学校教育有关，这样的方式当然容易引起学生的反感。如何把学校的要求成功地变成学生自己的需求？这需要我们站在学生的立场，用学生乐于接受的方式开展对话，而这个沟通的过程恰恰是凝聚共识的良机。

曾经，寝室管理老师向爸爸反映学生熄灯后躲在被窝里看书，扣了寝室的分学生还不服气。我和班主任商量该怎么办，部分班主任希望从学生身体健康的角度一刀切，部分班主任要求开灯满足学生努力学习的需求。如何既满足学生需求，又可以减少管理的难度？在和寝室长沟通的过程中，我发现熄灯后想继续"开夜车"的同学不在少数，但也有同学没有需求。而大部分寝室则是既有人喜欢按时就寝，又有人希望继续学习，如果让寝室开灯的话，就影响了按时休息的同学；如果让学生留在教室继续学习的话，又给学校管理带来太大的困难；如果索性一刀切不得看书的话，又不够人性化，满足不了想继续学习学生的需求。

最有发言权的，其实还是学生自己。我问需于学生，问计于学生。没想到，还真有用！他们找到了兼顾不同利益需求同学的平衡点：寝室内部协商，考虑到学校寝室内本来就有书桌书柜，他们选择把熄灯后学习的地

学校篇

点放在寝室,要继续学习的同学,在征得按时休息同学同意的前提下,自己从家里带充电台灯照明,继续学习;同时,以申请的形式向学校提出需求,内容包括熄灯后如何做到不影响其他同学的四点自律要求,并成立熄灯后自主管理委员会进行管理,对违反自律要求规定的,则取消晚自修学习延长待遇。这样,诸多问题迎刃而解,让学校的担心成为多余,也让学校的要求成为学生自己的需求。

熄灯后的寝室

无论是周末留校管理,还是学生犯错的惩戒方式,只要是事关学生利益的,爸爸尽可能给学生更多表达的渠道,给他们更多选择的权利。由于是自己做出的决定,他们在珍惜权利的同时,同样也会主动履行相应义务,承担责任。西言,信任,有时候恰恰是成本最低的一种管理方式。

爱你的爸爸

53. 变图书馆为"读书馆"

西言:

苏霍姆林斯基说:"一所学校可以什么都没有,但只要有图书馆,它就可以称之为学校。"然而,很多中小学仅仅把图书馆变成了存书馆,唯有把图书馆变成读书馆,这样才能真正体现图书馆应有的价值。也许没有哪所中学的图书馆能比衢州二中图书馆那么受同学们的欢迎了。爸爸曾经在全校开展"寻找二中学子最喜欢的十大场所"活动,排名第一的竟然是图书馆。如果你问一届届校友,母校最让他们难以忘记的有哪些?图书馆一定是其中之一。可以想象,一所学校的学生,如果把图书馆作为他最喜欢去的地方,这所学校的学风该是怎样的。

2012年从二中毕业,保送北大的姜航校友曾经这样回忆他的高中周末留校岁月。"周末留在二中的同学比比皆是,不仅是为了二中优美的环境,更是为了那静谧的周末图书馆。大家都喜欢一个人静静地坐在图书馆里,或是埋头书海奋笔疾书,或是浏览书籍流连忘返。整个图书馆坐满了人,却听不见一点声音,这便是二中独有的一道风景。在这种环境中,不论是谁都会从内心感受到学习的意义,也会有一种不甘落后的信念在支持着他们努力在学习的大道上一往无前。"记得原北大校长王恩哥曾经建议北大学生常去两个场所:一是运动场,二是图书馆。做一个身心健康精神富有的年轻人。为此,学校不断升级换代,改善图书馆的各种软硬件,为莘莘学子创造更为温馨和谐的学习环境。

每天午饭和晚饭后,很多学生都会选择到图书馆看书,享受宁静的阅读时光。再者,图书馆是全年不闭馆的,即便在周末、节假日和寒暑假期间,图书馆也是按时开放的。在假日里,静悄悄的衢州二中校园内,图书馆的阅览室是一道独特的风景,衢州二中火爆而安静的图书阅览室让每一位假日到二中参观的来访者都赞叹不已。

衢州二中周末的图书馆自修大厅

当然，爸爸更引以为傲的是，衢州二中的图书馆，已经不仅仅是一届又一届二中学子汲取精神食粮、追寻梦想的场所，她同样属于所有热爱二中图书馆氛围的人。当下，即使有部分中学图书馆开放，很多学校因为担心安全问题和管理成本的增加，也只允许本校师生入馆阅读，然而这样就会大大限制了图书馆资源的充分利用，也使图书馆的读书气氛过于单调，缺少了活力。而在衢州二中，你会发现一年三百六十五天，图书馆从不关门。在这里你能看到的，不仅有伏案自习的本校学生，也有像你这样静静地看书作业的小学生，抑或是全神贯注地使用笔记本电脑的都市白领。即使是毕业的校友，也喜欢在假期回到母校，和学弟学妹一起，坐在图书光静静度过一段时间。著名儿童文学作家毛芦芦阿姨的很多小说，也都是在二中图书馆构思、写作而成的呢。这样一幅画卷，激励着越来越多的二中学子走进图书馆阅读和学习。

当然，图书馆的开放性得到了一定的实现，的确会给管理和服务工作带来一些负担和困难，而学校的思路是：因为到图书馆看书的人越来越多，正好为学生志愿者服务和社团活动等提供了最好的机会。现在的衢州二中图书馆有不少的志愿者服务项目，例如，有学生志愿者服务小组负责每天下午和晚上的阅览室卫生打扫；每周的周三、周四两天是图书馆书库

安静的自修环境

书架的整理时间,总会有志愿者主动到图书馆承担整理任务;每周的"周末影院"放映厅会由"电影协会"的学生负责放映和管理;周末、节假日、寒暑假都会有学生会"服务管理部"的学生到自修大厅维持纪律;每年的毕业季会有学校"志愿者服务大队"组织发动高三毕业学生进行图书捐赠活动;还会有专门的志愿者负责邀请和接待来二中图书馆观摩和体验的外校学生等。让学生参与到图书馆管理的工作实践中去,本身就是最好的社会实践活动。

在衢州二中工作期间,爸爸经常主动邀请初中学生在周末到二中体验图书馆良好的学习氛围,即使是去了衢州高级中学任教,爸爸也带着衢高的学生来到二中,实地观摩体验这种只有大学图书馆才有的独特气氛。

二中的图书馆,早已经成为无声育人的绝佳场所。西言,你喜欢这样的图书馆吗?

爱你的爸爸

学校篇

54. 变"事故"为"故事"

西言：

在得知爸爸离开二中任职衢高的消息后，二中学生给予了我诸多的鼓励和祝福，其中一位叫许茹清的同学给我留下了这么一段话："友民，先前对您的印象只限于开会时简短的发言，或是国旗下严肃庄重的讲话，似乎您天生就带着振奋人心的感召力，为了发言与号召而生。而之后的小插曲——十佳学生评选，才让我体会到您的真诚、善良与平易近人。本来，老师向学生致歉已经让我受宠若惊了，而您是如此恳切、坦诚，甚至有些局促。那天清晨，在政教处的办公室里，我们之间的交流不带任何拘谨，因为您是让我们没有距离感的人，亦师亦友。"作为政教处主任，能得到学生这样的认可，对爸爸来说是，无疑是一种鼓励。

事情的经过是这样的，衢州二中第十一届十佳学生颁奖活动过去一周后，我收到了一封学生来信，信的内容大致是这样的："一直以来觉得二中各个方面都很好，特别是民主这一点。但对于这次的十佳学生的评选我实在是觉得有些不妥，作为'博雅的二中人'，我们觉得有必要站出来说点什么。在这次投票结果中我们发现了一些有趣的现象，就是平时在大家面前和在老师面前的表现，在学生得票和班主任得票中很好地体现出来了。不过在宣布名单的时候，我们却感到非常惊讶——高二总票数第五和高三总票数第一都被替换掉了。在没有任何征兆的情况下，票数就不算数了。大概这些人都是内定的？对于这种情况我们感到非常的不解……我们觉得学校对于这一事件应该给大家一个解释。"收到消息，我的第一反应是自己的工作出大"事故"了。我第一时间找到负责统计选票的学生会主席陈丹青了解事情来龙去脉，发现之前的每一个环节都是公正透明的，正是到了政教处这里，由于我工作的失误，才造成了前面所说情况的发生。

对于这样一件事情，我深知如果处理不好，不仅影响到政教处在学生中的形象，更是对一直推行"寻找爱国敬业诚信友善二中人活动"一个极大的讽刺。学校要求学生讲诚信，而我自己却在弄虚作假。威信，威从信中来，失去了学生的信任，谈何权威？

当天我马上行动起来，找到了两位无辜被顶替的十佳学生，向他们俩诚挚致歉，并邀请学校领导王春华副校长，在次日的全校集会上为这两位同学重新隆重颁奖；而我本人，在向全体同学致歉的同时，也特别感谢了写信给我的那位未知名的同学，因为正是他的来信，才让我意识到自己所犯的错误，才有了向全体当事人和全体同学当面道歉并改正的机会。我依然记得当时最后的三句话，"谢谢大家，让我知道你们很生气。对不起，因为我的失误，给大家带来了伤害。所幸，我还有弥补过失的机会。"事后，我收到了一张纸条，内容是这样的："友民，星期三早上的那场道歉，我要为您点赞！因为并不是每一位老师都能够像您一样，遇到这样的事情敢于认错，当时听着听着眼睛有点湿润，敢情是被您感动了。这让我觉得二中这个大家庭很温暖。工作上的失误在所难免。感谢您的真诚，还给我们一个真相。友民加油！"

后来，在学生的离别赠言当中，陆续看到了类似的鼓励，其中一位同学写道："还想顺便提一提十佳学生的事情，这件事本以为就这样过去了。那天早晨听到了您的解释，不得不说，真的很感动，我从未见到过如此真诚的老师。谢谢您，友民。"

邀请学校领导重新为学生颁奖

的确，老师的一言一行都在学生的眼里，你是怎样说的，又是怎样做的，不仅影响到学生对你的评价，更为关键的是，这样一种"潜教育"直接影响学生的价值观形成。

而我常常调侃自己，只要我对学生做错事情，随时都会低下我的"秃头"。看来，这非但不会影响我在学生心目中的形象，反而会建立彼此互信的和谐师生关系。

爱你的爸爸

55. 变过"高考关"为过"高考节"

西言：

曾经，爸爸的信箱里有这么一封短信："友民叔叔，当结束了紧张的理科综合考试，走出考场的我便被吸引了，那是一块祝福墙，大家都聚在它面前，仔细品味着学弟学妹们写给我们的祝福，我没来得及仔细看，但已经接收到那祝福的力量，仅有三十二天就要高考，我的步伐开始变得匆忙。我疾步来到图书馆，眼前的景象又再一次让我感动，每张桌上都贴着便签，红的、蓝的、绿的，我走进一看，满满的都是正能量，感动自不必说。真的很谢谢你和高一高二的学弟学妹们。记得还是高一的时候，我们为高三学长学姐举办的那个烛光祝福，那天夜晚的加油声，现在重温依然感动。我们会加油的，正如您说的，过程全力以赴，结果坦然面对。谢谢您，友民。"其实，这只是众多来信中的其中一封，一届又一届二中学子，他们毕业后，最为怀念的恰恰是高三，尤其是高考前那段"黎明前的黑暗"的日子，此时的他们需要为自己注入奋进的动力、前行的力量。什么样的方式是他们乐意接受的？我借助的，依然是与他们年龄相仿的学弟学妹们。然后，也就有了各种各样的暖心举措。

有时他们以班级为单位。低年级同学，有的以班对班、学号对学号的方式，给考前的高三学子送去希望他们身体考试都"棒棒"的棒棒糖；有的以明信片的方式送去各种各样的文字祝福；有的把所有的祝福粘贴在展板上，再配上精美的图案放在高三教室走廊上；有的则把一张张祝福小心地贴图书馆的书桌上；有的以陪伴的方式全班轮流到高三教室晚自修；有的把祝福拍成视频播放给高三同学；还有的索性去买了十几个热水瓶，天天为高三学长学姐们打开水，惊讶得高三同学写信给我说："友民，这喝的哪是开水，那是一份份浓浓的二中情啊。"

有时，他们又以学生会或者社团为组织。学生会通过义卖所得为高三每一位同学买来了考场上所必需的各种文具，魔方社用几百个魔方摆出了"高三加油，二中必胜"的图形，心理社策划了丰富多彩的考前减压活动，书画社充分发挥自己书画特长送去祝福，印章社给高三考生送去了各式各样的祝福印章，文学社的书信则是充满着才情。

而最让学生难以忘怀的，莫过于我的政教处学生助理们联合高一高二全体学生策划的"喊楼活动"了。"摇曳的烛光，闪闪都是祝福。响亮的呐喊，声声都是鼓舞。同在二中，有你们相伴，苦学之余，更添一份感动，你们细心安排，连下雨天都考虑：烛光不行，就用荧光棒。谢谢你们，我可爱的学弟学妹们，你们自始至终的支持，让走在高三的我深深地明白：自己不是一个人在战斗。铭记感恩，于我同样是一种成长。谢谢你们，教会了我成长。"高三的学姐是这样感慨的，而我也一直认为一所校园不能仅有读书的声音，还应该有动听的歌声、欢快的笑声、鼓励的掌声、加油的喊声，甚至是感动的哭声！我和学生们一起要做的，就是努力去制造并传递校园"好声音"。而考前的喊楼活动，则是包含了以上所有的校园声音。最让我感动的是每一年的"喊楼"活动，政教处学生助理们都做到了不重复，而且，为了给高三学长学姐们一个意外的惊喜，他们都是煞费苦心瞒着高三的考生们，也真是难为了他们。

考前祝福高三活动现场

实际上活动举办之初，我也是颇有压力的，一方面是安全的因素，另一方面，我也听到了不同的声音，有的老师觉得这不是"加油"而是"捣乱"，打破了原本宁静的考前复习氛围。甚至有老师半开玩笑说："如果这些活动可以为高考加分，那还需要上课干什么？"幸好，在学生的鼓励和领导的支持下我坚持了下来,因为这一系列活动,不仅仅让高三的同学在考前收获了一份前行的力量,让他们感觉到"我不是一个人在战斗"。就如2012年考上清华的校友郑孟蕾曾说:"学在二中,体悟到坚持的精神。高三寒假后,我经历了自招考试和几次模拟考试的连续失败,沮丧至极。但二中为我注入了坚持的力量。从考前的趣味心理运动会,到高考前一天晚上高一学弟学妹们在楼下用燃着的蜡烛摆出'高三加油'字样和为我们大声呐喊的喊楼祝福活动,高三人收获的不仅是感动,更是一份动力,鼓舞着我最终冲向清华。"从另外一个层面你是否发现,这其实也是一条纽带,把所有的二中学生凝聚在一起,营造了友善和谐的人际氛围,在这样的校园中,鲜能见到校园欺凌现象。

而我,则是把迎接高考做成一个节日,通过这个平台让一届又一届的二中学子看得见分数,想得起青春,记得起恩师,忆得起母校。让学生在校时,留下的是热爱;离开时,留下的是眷念。2012届朱丹妮姐姐的短信我一直珍藏着:"最幸运的相识莫过于相互成就,我可以毫不夸张地说高中三年一定是我人生里最美好的三年。为着一个目标坚定努力的时候,还有你时不时制造的开心,让原本黑暗的高三竟然也可以像童话一样快乐。也谢谢你,让我成为更强大的人!"

记得2016年你和当时高一(3)班的哥哥姐姐们一起,也是祝福高三喊楼活动的一员,对吗?

爱你的爸爸

2016年祝福高三喊楼活动

56. 变"讲道理"为"讲故事"

西言：

爸爸的信箱里曾经有一封简短来信，其中一句是这样的："友民，你很牛啊！国旗下讲话这么无聊的事情，都可以让我有点小小的期待。我初中三年的国旗下讲话时间全是在和前面同学讲话中度过的……"我不知道她的初中为何会是这样的，但对我的鼓励，只会让我更加努力把它做得更好。所以，对于国旗下讲话，我从不敢怠慢，反而倍加珍惜这个每周仅有一次的和全校同学沟通交流的平台。

我永远用讲校园里真实故事的方式和同学们交流。讲好二中故事，传播美好声音，凝聚师生力量，建设暖心校园，这是我对自己一以贯之的要求。曾经也有学生来信质问我："友民，我实在不理解你为什么每次国旗下讲话都在讲校园里的好人好事，难道你不知道我们身边还有很多的不足吗？比如食堂插队、随地乱扔垃圾、考试作弊……"其实，我何尝不知道这些事情呢？记得《人民教育》上发表过一篇文章，叫《温暖的传递》，我很认同作者的观点，"身为老师，为什么不给学生多讲些温暖的故事呢？打动人的最好方式就是真诚的欣赏和善意的赞许，教育的某种意义，不正是一种正向的传递吗？讲着讲着，一路前行的人就会越来越多，队伍就会越来越壮大，负面的东西慢慢地就会在校园里无处藏身了"。

我不断地借助学生来实现教育的目的。之前的国旗下讲话，都是政教处指定班级轮流派学生代表来演讲，我则把这个机会当作奖励，而不是任务。那些表现优秀的班级可以申请承包国旗下讲话，而无论是主持人、升旗手、演讲者，还是讲话的主题，全都由这个班级光荣包干，届时，全班所有同学都要站在台上，由主持人介绍他们这个优秀的团队。这对整个班级来说，其实是一种荣誉，他们也会倍加珍惜，甚至提前一天在周日晚上就进行"走台排练"。非正式表扬带来的效果，绝不亚于一次隆重的颁奖。而我，则成功地变为站在台下鼓掌的众多人之一。所以你会看到二中的国旗下讲话,会有诸多的同学开展学堂演说,讲述自己的故事,感动身边他人。会有诸多的同学开展感恩活动,讲述身边的故事,感谢身边他人。每年,我的学生助理会策划一个暖心的活动,把校园里那些默默无闻的后勤员工,比如教学楼勤杂工、图书馆管理员、寝室楼管理员、食堂阿姨、保安叔叔……请到台上,用鲜花、掌声、歌声以及学生自己手写的感恩祝福书法等方式来表达全校同学对这些不在三尺讲台的幕后工作者们深深的祝福和感恩。

全班共同主持升旗活动,这份荣誉学生倍加珍惜

李希贵在《学生第二》里说道:"写到这里,我想起了王蒙曾经说过的一句话,我们不应该没完没了地进行脱离实际的理想主义宣传,过高的理想——乌托邦灌输,最后往往将自己的军,使自己远远达不到吹胀了的期望值,而造成自己处于尴尬的境地。教育的威力在于'可信',讲得天花乱坠不行,说得前程似锦也不行,关键在于它是不是事实。客观冷静去面对事实,引导我们的学生学会思考,学会处事,努力去选择一条科学的处理问题的思路,这才是教育的本分。"是啊,很多时候,假如我们用连自己都不相信的东西去教育学生,怎么可能有良好的效果呢?

西言,用讲故事的方式和学生讲道理,让校园成为一个强大的文化磁场,使学生在其中获得一种自然而然的浸润和熏陶,进而能够涵养出他们的一种气质、一种胸襟、一种视野。然后他们带着母校的文化基因,走出二中的校门。这样的尝试,越多越好。

爱你的爸爸

学校篇

附：离开二中前最后一次国旗下讲话稿

邱梦馨学姐（刚刚演讲结束的高三同学）我是熟悉的，源于她和她的小伙伴们留给二中的诸多记忆，比如市论语辩论赛、微笑暖冬行动等。上个礼拜，我收到了一则短信："老师，我是锦儿，下周打算来学校义卖手绘 T 恤，义卖所得会用来给杜泽那边的留守儿童买文具，给环卫工人买避暑用品，请求许可！"大家可想而知我的态度。在二中，如果你有心，总会因为一批这样的二中人，让我们倍感温暖。有通过义卖给寝管大爷弥补收到假钞电费的二中人，有为同学父亲筹集救命钱的二中人，有为因煤气罐爆炸全身重度烧伤的同学母亲筹集善款的二中人，有为西部留守儿童筹集免费午餐的二中人，有为贫困山区儿童筹集买书包的二中人，有为患白血病的校友筹集善款的二中人，有为食堂大妈大爷送上手套剃须刀的二中人。上周我的办公室里塞进来一封信，我曾以为是哪位同学向我反映什么情况的，打开一看，里面一张清单和 145 元钱，手工社社长附在清单后面有这么一句话：请友民叔叔把这笔钱给需要的人，也算是尽我们一份微薄之力。我想说，钱虽然不多，但是我见证着这个社团背后的付出，我曾亲眼看到，他们在高考前两周包括周末，为高三的所有学长学姐献上了他们一笔一画做出来的手工卡片。感谢你们！

今天我更想说的，则是在场的同学们，也许你不是活动的策划者，但是你却是活动的支持者，没有一个一个你的参与，怎会有那么多的善款，怎会有那么温暖的场景，怎会有那么多流泪的瞬间，撒欢的时刻。所以，我更想对那些用行动而不是做漠然的旁观者的同学们说声：谢谢你，亲！二中，有你真好！其实，你就是我要寻找的诚信友善二中人！

多年以前，曾有同学写信给我说，友民，你每次都在国旗下夸我们的优秀，讲二中的美。可是，我们并没有你说得那么好，比如有人捡到钱包把它放到自己的裤袋里，有人看见垃圾视而不见，有人坐在教室里却做着影响别人的事，有人在公共场所大声喧哗，甚至有人把同学的生活费拿走，有人无所事事自己不读书还不想让别人学习，诸如此类不胜枚举。

我不否定他的看法和事情的真实，但是我更想换个角度看二中。所以，我会看到失物招领箱里的那些钱物，我会看到图书馆里的安静自学的身影，我会看到校园里那些认真打扫卫生的身影，我会看到寝室管理员办公桌子上那些感恩祝福的文字，我会看到校园里一声声问候老师好的笑脸，同样是不胜枚举。而这些，才是二中最美的风景。正如卞之琳的《断章》所言：你站在桥上看风景，看风景的人在楼上看你。明月装饰了你的窗子，你装饰了别人的梦。场下诸多的同学们，你，就是风景中那个最美丽的身影。我想说，其实，我的幸福常常在别人的眼睛里！他们如此美慕我，因为我可以欣赏到那么多唯有二中独有的风景。春青，夏绿，秋金，冬银，二中每一季都迸发出不一样斑斓色彩，映衬着这三年从这里走过的你们，从花季，雨季直至毕业季。

有一位老师，他于十六年前来到二中。十六年时间，注定了他与二中这片土地有着不解之缘，博文楼的猫、医务室门口的流浪狗、树梢上的鸟，这里的一草一木，他都倍感亲切。对二中，他的心中充满感恩、欣慰和坦然。他感恩这所校园的博大胸怀，欣慰二中这些年的喜人变化，在二中工作的经历，已经成为他一生中最宝贵的精神财富，他为能够成为一个二中人而感到骄傲和自豪。他说，今后无论身在哪里，他都将始终心系二中、永远祝福二中。二中，定会成为他记忆深处厚重的乡愁。

是啊，亲爱的同学们。二中好不好，我说了不算，你们说了才算。二中好不好，现在说了不算，离开后说了才算。

二中从来不只是一所学校，它寄托着无数家庭的未来和希望，在这里，笃志楼、思齐楼、博文楼、图书馆，都承载着动人的故事，润泽着一代又一代二中学子的青春梦想，这是培养精神贵族的一个地方。这是你我共同喜爱、依恋、维护的精神家园。

选择一所学校，就是选择一种成长经历！就是选择一种生活方式！选择二中，就是选择了独特的校园文化！选择了优秀的同学圈！选择了一流的校友圈！

最后，暑假即将来临。你们将回到家庭，走进社会，2016 届的学长学姐，则会离开衢州走进大学，千万别忘记，你们就是二中的形象大使，你是怎么样的，二中就是怎么样的。走出二中门，永远二中人！

加油，同学们！

57. 变"形式感"为"仪式感"

西言:

都说活动才是最好的德育载体,但是为什么很多活动,举办者煞费苦心,而参加者却漠然处之呢? 我想,一场走心的活动,必须触动学生的内心,或流泪或欢笑;一个让学生哭笑不得,仅仅为了走过场而参加的活动,必然是一个失败的活动。

十八岁成人礼活动,同样也是如此。当初在衢州,这个活动一般是团市委在举办,2012 年春季开学时,记得当学生得知年后要举办这个活动的时候,我就听到了两种不同的声音。有些学生认为这种活动,形式大于内容,往往是走过场,搞不出新的名堂来;另一些学生则反驳:"别小看友民啊,这家伙满脑子想的就是如何折腾我们,没准,一个春节一过,头发更稀疏,什么新点子又冒出来了。"是啊,把有意义的活动做得有意思,常规工作做出新意来,这一直是我奉行的原则。

世上无难事,只怕有心人! 一方面,从购买成人帽,到租用相关设备,以及活动的每一个环节,我和同事一起不断推敲。另一方面,我和家委会的家长们商量,如何给孩子准备暖心的礼物。当然,为了孩子,家长朋友们还是蛮拼的,真的是各显神通。礼物和家信是必须要准备的,但是谁送的礼物,谁写的信,这也是很关键的一件事。我就和家长们商量,策划了"谁是孩子心中最信赖的长辈"活动,让家长去"麻烦"这样的长辈去给孩子送礼物或写信,好多有心的家长千方百计找到了"失联"多年的小学老师,当父母把礼物或信件送到孩子手中时,无疑是给了他们一个意外的惊喜和感动,学生多是边流泪边看的。

每届高三成人礼,我和同事们都力求在继承的基础上有所突破和创新。比如年级组长周旭荣老师策划的 2014 届高三成人仪式,他特意瞒着学生走街串户去学生家里拍摄了视频短片《念亲恩》,视频以《母亲》《父亲》和《时间都去哪儿了》作为背景音乐,其间穿插了部分学生家长的采访镜

高三成人仪式活动现场

头。看着家长饱含深情的眼神，听着家长最真挚的寄语，整个图书馆瞬间化成了泪的海洋。而紧接着的现场采访环节，将本次成人仪式推向了另一个高潮，多年来藏在孩子们心里的话，在这一刻对着父母倾泻而出。当孩子和家长相拥对视的那一刻，他们理解了父母的良苦用心，曾经再多的埋怨，再多的不理解，也在此刻冰释。而2016届成人仪式，凝聚着周春始、刘香老师的心血。无论是身为二中教师同时也是学生家长代表的毛志高老师高唱改编自《我的祖国》的歌曲《我的孩子》，还是《新闻深呼吸》栏目著名评论员舒中胜校友发来"做一个善意的人、理性的人、充满建设性的人"的成人礼祝福，或是部分学生幼时和长大后的对比照，或是在"我的青春十八岁"环节不同年代的教师代表用自己的十八岁经历激励同学们的青春故事，都是亮点频出。活动结束后，一位家长感叹道："学生主持、编排的节目诗朗诵，老师激情又接地气的现身分享，学长倾情的鼓励与召唤，父与子的亲情演绎，一次次冲击着我，感动着我。"是的，我们的世界并不完美，但我们可以如舒中胜所说："传递温暖的力量，向阳生长，我们永远有选择的权利！"

西言，我们的生活需要仪式感，就像平凡的日子需要一束光，让我们从中寻找前行的力量，而不敷衍自己的生活。

爱你的爸爸

2016届衢州二中高三
学生成人仪式

58.变"我参观"为"我参与"

西言：

如果爸爸不去衢高工作，可能你对衢高的认识，也会是他人眼里的这样一所学校：那里的老师不怎么认真教书，学生不怎么努力读书，只会玩手机看小说。曾经我也是这样认为的，和绝大多数家长的想法一样。

然而到了衢高，我才发现真实的衢高其实并不是这样的。这里有一批爱岗敬业的好老师，无论是教学水平还是工作态度，绝不亚于任何兄弟学校；这里也有一批勤奋好学的学生，他们也和其他学校同学一样，追寻青春的梦想。就如市教育局徐朝金局长所说的："衢高，有这样一批老师：基础很好，爱教育，水平高，不服输，愿意拼，一心想大显身手，再创辉煌。衢高，有这样一批学生：中考失误，懂事晚，脑子灵，潜力大，有可能绝地反击，创造奇迹。"

怎样让家长了解衢高，信任衢高，我想最好的方式，就是把家长请到衢高来实地看看。大部分家长，其实都来过衢高，因为周末要接送孩子，但几乎没有全天候在衢高校园里待过。为此，我策划了一个名为"和孩子一起过一天校园生活"的活动，邀请了部分家长，从早晨学生起床，一直到晚上学生就寝，长达十六个小时的校园生活体验，让家长有了最为切身的感受。事后，诸多家长在自己的微信朋友圈里谈及了对自己孩子所在学校的真实感受，一位叫蓝子奥同学的母亲情不自禁地给我发微信："我是高一（9）班蓝子奥的家长，虽然多次来到衢高，但是6月10日这一天在衢高的全天候观摩和学习，却让我大吃一惊！只能用'震惊'来形容我看到的一切！首先，让我震惊的是，严格而又科学的管理制度。学生们按照时间表安排他们一天的学习——早读有任务，午睡有老师管理；傍晚跑操有老师跟跑，并且口号响亮；晚自习有老师跟班，并且在自习教室有各科老师负责答疑，一切井然有序！其次，让我震惊的是专业的教师队伍！老师们上课认真，有

学校篇

183

耐心的物理老师，有怕挡住学生看黑板而蹲下身体板书的数学老师；有亲切温和的化学老师；有热情敬业的英语老师。她们只是衢高老师的一个缩影，却让我看到了孩子们的幸福和希望。我想，当初要是我能碰到这样的老师，我是不是就能换一种人生？再次，过硬的硬件设施，学校有标准的操场，干净整洁的食堂；六人一间的寝室，室内有空调和热水器，一切的一切，作为衢高的学生，真的是非常幸福啊！人们常说，成长比成功重要，衢高就在这里砥砺前行，一次次地刷新人们的眼界，没有亲身经历，你都不知道衢高的奋进！忽然想到一句话，'多读书，你的容颜会变'。衢高的孩子是幸运的，人生的选择，在于你自己，从心所欲，择其所好！选择衢高，你不会后悔！"我则以她发的微信为内容，推送了"今天，我看到了一个真实的衢高"的年级微信，让更多的家长了解衢高校园里真实的人和事。

我还专门为家长设置了一个"新岗位"，叫"家长督学"。也许你会问什么是"督学"？顾名思义，"督学"就是负责监督学校工作的人。教育部门就有政府聘任的专职督学、兼职督学、特邀督学。而"家长督学"则是借鉴政府督学而来的一种称呼，家长督学每天通过听课、巡查、问卷、座谈等方式，发现问题，提出建议，寻找亮点适时点赞，家校交流凝聚共识。学校开门办学的诚心也感动着"家长督学"们，他们在献计献策的同时，更为学校的不断进步纷纷点赞。都说耳听为虚眼见为实，真是一点也不假，衢高怎么样，我们说了不算，家长看了才算。

让家长参与到学生的日常生活中来，让家长参与到老师的日常工作中来，对于家长来说获得的是知情权、参与权、表达权、监督权，而学校赢得的，则是家长的信任和支持。

爱你的爸爸

学生家长校园一天生活真实感受

八、 走近学生，润物细无声

59. 讲给他听不如拿给他看

西言：

曾经，你问爸爸，为什么手机里有那么多哥哥姐姐的照片？那可是爸爸每天"欣赏风景"后留下来的。都说耳听为虚眼见为实，这在爸爸的教育教学工作中得到了证实。

就读于北大的校友程涛曾经这样评价他的母校："清晨，东方尚未发白，多少人还在梦乡中，却早有人起来，拿着书，打着手电，或静阅，或诵读；课上，鲜能见到走神的学生，有的只是一双双凝视黑板的眼睛，充满着对知识的渴望，时不时地提问，令课堂愈发活跃；自修，没有喧哗声，有的只是笔尖与白纸的亲密摩擦，抑或是翻书的沙沙声；饭后，只见一排排的学生早已拿着各种课本，在走廊上朗诵，各种朗诵声交织，响若天籁；深夜，当人们早已踏入寻梦的征途，那一点点跳动的灯光告诉我们，依旧还有不知疲倦的学子在奋斗；周末，依然还有许多同学奋战于教室、图书馆……这样的氛围下，学在二中，字字掷地有声！"

然而，这些美景并不是谁都有机会欣赏到的，爸爸则是其中的一位幸运者。每天我都会带着手机，定格下这些美丽的瞬间。当然，这不只是单单自己用来欣赏的，我还会把它们做成课件，放在学校电子屏幕上供全校师生观看，也会把它们做成展板。通过学校橱窗展出。更有心的是周旭荣叔叔，他甚至用视频拍下了2014届二中高三学生一天的学习生活，剪辑后配上音乐和文字，取名《争朝夕》，放给全年级的同学观看。这个真实的视

学校篇

频,不知激励了多少为了追梦而选择奋斗的二中学子。

每年到初中学校去招生宣传,我很少分发纸质资料给初三家长或者学生,而是把我平时拍下来的二中学生校园生活的点点滴滴播放给他们观看。每次外出为同行开设讲座,我都会在其中穿插自己拍摄下的资料分享给与会的教师同仁,告诉他们一个真实的二中场景。每次家长会暖场的,一定是他们的孩子在二中学习生活的诸多暖心场景,很多镜头更是让家长看得感动不已泪眼婆娑。

我曾经开展过一个名为"我想知道你是谁"的活动。就是把平时在校园里拍下来的一些照片洗出来,在校园橱窗内张贴,或者在学生报纸上刊登,在全校范围寻找那些照片中的主人公,然后请他来讲述自己的故事。这样的活动,既是对照片中这批勤奋进取学生的鼓励,也是对故事背后精神的一种弘扬。我要做的,不仅仅是寻找风景,更要制造风景,让整个校园处处都是美景。

学生观看我展出的"勤学爱学的二中学子"照片

说给他人听,不如请他看。平时,我们不断地说教,告诉学生要努力,要刻苦,还不如用照片或者视频,让他们充分感受"榜样,就在身边"!

如果条件允许,我还会邀请他人到二中校园里实地逛逛。你是否记得有一次你和班里同学参观二中校园的场景?爸爸这里还保留着你的感言呢!

3月9日,春暖花开,阳光和煦。我们三(2)班近三十位同学参观了风景如画、底蕴丰厚的衢州二中。"雅池"里活蹦乱跳的金鱼频频向我们招手,绿树如茵的校园让我们觉得仿佛走进了公园,偌大的操场成了我们尽情游戏的场所。

最让我们肃然起敬的是图书馆里的氛围。大哥哥大姐姐们都在自觉的学习,全神贯注的态度让我们明白了为什么二中学子如此优秀。我们也不由自主地放轻了脚步,从书架上拿下杂志翻阅。食堂里的美食把我们的肚子都填满了,高三的寝室真的不比我们家里差啊,有单人书桌、空调、热水器、单独的卫生间,好像宾馆呢! 坐在高中教室里观看电影《小鬼当家》的感觉真好!

今天,我们提前体验了二中的学习和生活。我们期待,六年后大家相聚在二中,一起度过美好的高中三年。二中梦,我们共同的梦!

西言,你还记得这个感言吗?

爱你的爸爸

60. 老师说教不如朋辈示范

西言：

爸爸发现，你每天放学回家，都特别喜欢讲述发生在学校里学长学姐身上的故事，而较少提及低年级弟弟妹妹的故事。后来我又发现，其实几乎每一位学生，从小到大，就特别喜欢和自己年龄稍长的哥哥姐姐在一起。受此启发，爸爸在学校开展了一系列活动，尽可能让老师退居幕后，让高年级的同学来影响下一个年级同学，做到一届带着一届干，一届做给一届看，希望实现一届更比一届强的良好初衷。

每年的高一新生始业教育，我都会和学生这么说："二中学生的行为习惯是怎样的，我说了不算，你们做了才算；而同学们该如何做，我说了不算，你们看了才算。看谁？看高二高三的学长学姐们是如何做一位二中学子的。"为此，我们开发了高一新生入学观摩课程，每位新生在为期一周的始业教育期间，都会选择相应的时间段观摩高三有气势的晨跑、有序的就餐、自觉的午睡、自发的晚读、安静的自修、自觉的就寝等环节，并通过观后感分享的方式，开展"做一位优秀的二中人"主题班会。一位高一新生在感言中写道："初中的时候我只是听说二中学生是怎样的优秀，如今来到这美丽的校园，亲眼看见亲身感受到了学长学姐如此自觉的表现，更加明白了高三博文楼西边墙壁上的那句'素质，只是不用提醒'的意义，而我要做的，就是向他们看齐！"在此过程中，由高二年级各个班级组成的衢州二中"学长团"始终陪伴左右，为新入学的学弟学妹们提供各种各样力所能及的指导和帮助，以便让这些新同学尽快融入新环境。

每年的"十佳班长"评选，台上滔滔不绝的参评学生，往往是高年级的同学，坐在台下鼓掌的那批人，则是低年级的学弟学妹们。老班长们用这种方式告诉台下的同学，在二中，我们应该这样来做一位班级的领头人。每年的高考季，以过来人的名义，或通过写信，或通过视频，或通过讲座的方式,勉励学弟学妹们该如何从容面对高考的,是已经走出二中走进大学的学长学姐们。

新生观摩学长学姐们跑操

当爸爸来到了衢高以后,则把这种同伴互助教育从来自同一学校不同年级的纵向沟通,演变为不同学校同一年级的横向联系。我带着衢高的学生来到二中,开展"过一天二中校园生活,做一回二中学生"的活动,在实地全天候的体验观摩后,同学们回到衢高,开展"学习二中同学,做优秀衢高学生"的主题班会活动。就这样,一校带着一校干,一校做给一校看,让二中学生良好的精神状态在衢高学子身上得到传承。

让学生影响学生,因为同龄人之间的相互影响、促进和监督,教育效果会更好。校园文化不一定要靠校长讲话、老师训导等方式进行传递,让同龄人去影响同龄人,是校园文化传承最好的载体。西言,你觉得呢?

爱你的爸爸

附：2015 年高一新生始业教育工作安排

时间	上午	下午	晚上
8月21日	学生报到、上交材料、购买生活用品、安排寝室	14：00 教室集中：搬书发书、发放军训服装、学生自我介绍、卫生大扫除	班主任首次讲话、学生常规学习
8月22日	与教官见面、军训动员仪式、军训正式开始、晨跑训练	潘校长报告（14：00—15：30）、军训、唱军歌一楼学生观摩高三午睡、晚跑	军训总结、报告感言、常规学习一楼学生观摩高三晚读、晚自修、晚就寝
8月23日	军训	留副校长报告（14：00—15：30）、内务整理、军训二楼学生观摩高三午睡、晚跑	军训总结、报告感言、常规学习二楼学生观摩高三晚读、晚自修、晚就寝
8月24日	军训	2013 届优秀毕业生励志报告（14：00—15：30）、军训三楼学生观摩高三午睡、晚跑	军训总结、报告感言三楼学生观摩高三晚读、晚自修、晚就寝
8月25日	军训	深化课改报告（14：00—15：30）、拔河比赛、军训四楼学生观摩高三午睡、晚跑	军训总结、报告感言四楼学生观摩高三晚读、晚自修、晚就寝
8月26日	军训（体检）	医疗专家急救知识报告（14：00—15：30）、军训（体检）	军训总结、报告感言观摩高三系列主题班会
8月27日	军训	部队爱国主义教育报告（14：00—15：30）、唱响军歌比赛、军训	军训总结、报告感言、班干部及课代表选举、年级值周干部选拔

时间	上午	下午	晚上
8月28日	军训（晨跑比赛）	学生职业生涯规划报告（14:00—15:30）、内务评比、军训	军训总结、课代表培训、教室值周干部培训、寝室值周干部培训、观看电影
8月29日	参观军营、军训会操、回校班级总结	学生放假休息	学生放假休息

二中校友青春分享会

学校篇

61. 登台领奖不如登门送奖

西言：

　　老师到家来家访，父母到校开家长会，这些活动虽然传统，但对于加强家校合作却是必不可少的。有没有更暖心的举措呢？只要用心，当然有，那就是：把奖状送到学生家里去！

　　每个学期结束，总有同学因为表现优秀获得一份学校颁发的奖项，登上领奖台领奖状。对这些同学们来说，总是有份自豪在里头，那如果这份奖状由老师亲自送到家里呢？2017 年放寒假的第一天，爸爸学校安排了 22 支由老师组成的送奖小分队，将全校本学期成绩优秀和进步的同学的奖状送到家里，并将喜报送至所在社区（村委会）。两天时间，老师们走进了衢城不少偏僻的山村，温暖了这 164 个家庭，感动了不少心系教育的人。当天晚上，我在朋友圈发了一个消息："半天时间，一百公里，四个乡镇，九个村庄，我们把奖状送到学生家里，让家长因为孩子的成长而收获幸福。"这条微信在一天的时间里竟然收获了 239 个赞，85 条评论。

　　衢江区岭洋乡柳家村是本次送奖最远的地方，老师们开车开了足足两个小时，在中途休息了几次，又加上步行，才找到学生家。当班主任姜雪梅老师把奖状送到学生手里的那一刻，学生紧握着拳头深深感动着。姜雪梅老师有孕在身，本来学校并未安排她送奖，但她主动要求参与，不顾车马劳顿，奔波百里亲自送达。她的想法很简单，和同事们一样不忘初心，走进学生家里，做教育的践行者，"凡有奖者，虽远必达"。和岭洋小分队一样，其他 21 支小分队也是走街串巷，上山下乡，不漏掉一张奖状，不落下一份喜报。一张标记了学生家庭地址的地图记录下了老师们"送奖"的足迹，密密麻麻，也有零星独立在图中的偏僻山村，就像点点星光，动人心弦。只有走近才能走心，只有走心才能走进，有温度的教育就是我们追求的目标。在微信、QQ、短信等现代化交流手段普及的今天，有些人质疑：送奖上门，是否太老土？其实,我们送的不只是奖状,更是一份激励,一丝温暖。有家长听说老师们送奖到家,拿出了准备过年用的鞭炮在村口放了起来,骄傲和喜悦印在他们每个人的脸上。有位奶奶在隔壁洗头,听说给孙子送奖的老师来了,就匆匆地跑过来,拉着程卫东校长的手不肯放,不断地说着感谢的话。有爷爷和奶奶听说孙子的奖状由老师们送上门,手里捧着亲手准备的什锦果盘,在门口候了很长时间。还有一位老奶奶知道自己孙子成绩突飞猛进后,竟高兴得手舞足蹈起来……长辈们的激动和喜悦之情,不仅打动了老师们,也打动了孩子,让他们原本羞涩的脸庞也多了一份自豪的笑容。这份正能量还传递到了学生们所在的社区、村委会里,送奖小分队不仅将奖状送到学生家里,同时还向社区(村委会)发喜报,感谢他们营造良好的村风民风,并拜托他们要多重视和关注孩子的成长。

把奖状送到孩子家里去,远远胜过在学校里发放奖状。送的奖状是给一个学生的,但一张奖状可能温暖的是一个家庭,感染的可能是一个班的学生。这趟"送奖之旅"既是家访,又像是给这些学生的家庭拜年,为他们送去学生闪光的故事,送上暖暖的"年货"。

送奖上门的开创者,爸爸高中时代的恩师,柯城区石梁中学原校长苏玉泉伯伯评价道:"学生在学校领到的是一张奖状,在家里收到的是一份沉甸甸的精神年货。它蕴含着学校的热烈祝贺、老师的殷殷期望、学生的信心和决心、家长的荣耀。老师一次实实在在的送奖行动胜过在校千言万语的教育。向衢高老师致敬。"而衢州市教育局局长徐朝金点评道:"此举看似有点老和土,但很暖心很有效,很值得弘扬。"其实许多事就是这样:没有灵丹妙药,没有高大上的办法,老土何尝不是好办法呢!

西言,类似送奖上门这样的活动,我们将会一直坚持下去!

爱你的爸爸

《教育之江》报道送奖到家

62. 高考施压不如童趣减压

西言：

2013 年的高考作文给了一段材料："中国作家丰子恺说，孩子的眼光是直线的，不会转弯的。英国作家赫胥黎说，为什么人的年龄在延长，而少男少女的心灵却在提前硬化？美国作家菲尔丁说，世界正在失去伟大的孩提王国，一旦失去这一王国，那就是真正的沉沦。"读完材料后，让考生写自己的所思所感。三句名言的时间指向为童年、少年、成年，但主旨意义为童心童真。的确，每一个人的内心深处都有一颗未泯的童心，就看你是否能够坚守。如今的高中学生，脸上读到的往往不再是快乐童真的欢笑，而是面对沉重升学压力的疲惫。巴金说，童心生活的回复，正是新时代的萌芽。让高中学生过上一个久违的儿童节，虽然事小，但可以释放压力，找回失去的童年乐趣。

"老师，还记得 2012 年的这个时候，从寝室楼下来后却看不见你像往日一样迎接我们的身影，心里很是奇怪，之后便在教室门口看见你在乐此不疲地发糖。那个六一，虽然离略带残酷的高考很近，但我的内心却是甜甜的，现在想来，依然是充满怀念。今天是六一，想必你又在花心思为学弟学妹们过节了，祝西言师妹儿童节快乐，也祝你这个老顽童节日快乐。"这是学生徐潘依如在 2013 年的儿童节发来的短信，她知道每年的五月底，我都要和同事们开始策划怎样给早已不再是儿童的高中生们过一个有意思同样有意义的儿童节。

一根根亲手送到学生手上的棒棒糖寓意着每个学生都是"棒棒的"。早上起床后，每一位同学来到教室门口，在收到班主任一声声"儿童节快乐"的祝福的同时，还会从我们手中接过一根棒棒糖。在品尝一份甜蜜的同时，我们更想让他们收获一份温暖，因为想告诉每一位同学：在我们眼里，每一个人都是那么优秀，那么"棒"！

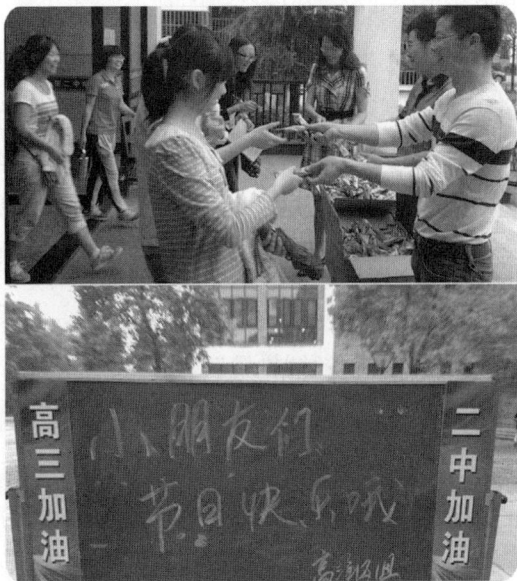

2013 年 6 月 1 日，周春始老师在送棒棒糖

　　一首首久违的儿歌是那一天的主旋律："池塘边的榕树上，知了在声声叫着夏天，操场边的秋千上，只有蝴蝶停在上面，黑板上老师的粉笔，还在拼命叽叽喳喳写个不停，等待着下课，等待着放学，等待游戏的童年。"清晨的集会，我和全体学生唱着耳熟能详的童谣的同时，电子屏幕上播放着诸如"增加的是年龄，不变的是童心。长高的是个子，不变的是童真。让童年快乐延续，伴你六一好心情"的祝福。《让我们荡起双桨》《泥娃娃》《丢手绢》《鲁冰花》《小毛驴》《花仙子之歌》……当同学们听到这些再熟悉不过但又多年未听的歌曲，勾起的是对儿时的美好回忆，而心情就如罗大佑的《童年》唱的一样："阳光下蜻蜓飞过来，一片片绿油油的稻田，水彩蜡笔和万花筒，画不出天边那一条彩虹，什么时候才能像高年级的同学，有张成熟与长大的脸，盼望着假期，盼望着明天，盼望长大的童年。"

　　一个个别开生面的趣味游戏是当天送给学生们的大餐。"老鹰抓小鸡""丢手绢""搭桥过河""踩气球"……这些儿时玩过的游戏，以简单易行

学校篇

的活动方式让学生在运动中焕发活力，在配合中展现才智，在呐喊中感受激情，在笑声中体验乐趣。好久没有这样尽情玩耍的孩子们，流出的是汗水，喊出的是快乐。况且，一个人无论到了什么年龄，保持童心就是保持对生活的热情之心。拥有一颗童心是最难得的，也是最幸福的。如果一位学生，到了高中却早已经失去了童年的那份纯真，这难道不是教育的悲哀吗？

谁说儿童节是小孩子的专利？这些活动虽然简单，但还是可以真切地感受生活的快乐，高中生也可以过一个有意义的儿童节。其实每个人都怀有不同程度的童心，只是平时各种"枷锁"，各种"角色意识"，让我们紧绷着脸，"故作正经"地生活。只要我们永葆爱心和同情心，有一颗未泯的童心，用童心去看世界，也就拥有了一份纯真的快乐。只要我们保持着一颗天真的、纯真的、善良的心，我们就可以永远是个孩子！

西言，不管今后你是中学生，还是大学生，愿你永葆一颗纯真的童心。

爱你的爸爸

偷偷为学生过儿童节的老师们

63. 有声的教导不如无声的陪伴

西言：

爸爸至今只担任过两届年级组长，一次是石梁中学的 2000 届，另外一次是衢州二中的 2012 届。

记得在石梁中学的时候，那时候爸爸还是单身，所以一放寒暑假我就动员一批好学的同学留校，而我则是一天到晚和他们在一起，陪伴他们的同时也参加了三年函授自学，取得了大学本科证书。这些和我一样的同学，祖祖辈辈都是农民，唯有通过努力读书，才可能改变自己乃至整个家庭的命运。那一届高考成绩的辉煌似乎印证了——陪伴，也是最好的教育。

而 2012 届的毕业生则是评价我最多的。这是位不知名同学写给我的："在二中的三年，我们每天早上起床都会看到您在寝室楼前的身影，陪伴我们成长，见证我们踏实的脚步、斐然的成绩。而我们油然而生的不仅仅是感谢，还有发自内心的敬意。您是个工作狂，更是我见过的最最全心全意为学生、为我们这些孩子的人民教师，我想以后我再也不会遇到了。老师，您一定要保重身体！曾经多少次，您说二中那一道道靓丽的风景是我们的晨跑、早操、晚自习、早读……而现在我想说，二中最美的风景是有像您这样投入的老师。三年，好美好的三年，这三年，在您陪伴下走过的每一步都是我最值得珍藏的回忆。"是的，我一直认为身为老师，我们的一言一行都是教育，所以只要有时间，我都会尽可能陪伴在同学们身旁。运动会的学生长跑比赛，我会参与其中，陪最后一名学生一起坚持到底。几乎每个周末，我都会到图书馆转转，用手机拍下学生勤学的场面。每年的寒暑假，学校开放所有学习场所，而我则是那个发现美、欣赏美、传播美的人。无声的陪伴，本身就是最好的教育。

教育不一定非得用说教的方式来实现，曾经看过李希贵老师写的文章里面讲过这样一件事情。某日，一名学生找到他，说："校长，我们几个同学

陪学生跑步，已经成为一种习惯

这个周六准备到天津去一趟，我们想请你一起去，怎么样？"李校长当即查了自己的日程安排，周六还真没有什么事，于是一口答应。到了周六，李校长跟几个学生一起乘高铁到了天津，考察了一圈，当日返回。一路上也并没有什么特殊的故事发生，无非就是几个学生海阔天空地神聊，评点时事，说说笑话，大部分时光李校长都是笑眯眯地听他们侃大山。回到学校一周之后，有一天李校长在路上遇到了那个组织到天津考察的同学，他一脸认真地对李校长说："校长啊，上周到天津，您让我们很受教育！"学生的话让李校长思索了很久。其实，李校长一路上并没有"教育"学生，没有对他们的考察进行任何指点，甚至没有叮嘱过安全问题，为什么他们会感觉很受教育呢？李希贵校长说："陪着就是教育。"

如今的学生从小生活在高浓度的教育氛围里，成人——从家长到老师，无时无刻不在渗透各种教育，无时无刻不在进行各种说教，无时无刻不在试图影响和改变孩子。他们就像生活在教育的雾霾里一样，已经到了窒息的程度。李希贵校长身体力行的"陪着就是教育"，让我们看到了教育的另一面，看到了教育的真正力量。这样的教育没有痕迹，如水般柔和，直抵心灵，浸润生命，能够影响孩子的一生。

真正的教育理应温暖人的心灵，有真实的生命交流，有情感，有爱，有美，还有陪伴。西言，你说对吗？

爱你的爸爸

九、 搭建平台，坐看云起时

64. 开学，让规范教育再隐蔽一点

西言：

　　每年新生开学，学校都要开展学生行为规范教育，学习《中小学守则》以及学校学生管理制度，以便让学生尽快适应高中生活，相信你也参加过。这样的活动，当然是有必要的，然而，对于从小到大听腻了各种各样说教的同学来说，也许未必欢迎。我们道德教育形式比较单一，有的学校煞费苦心，让学生背诵然后考试，不及格的还要重考；有的学校让学生录音，保证遵守学校规章制度；有的学校让家长学生签字承诺。这种让学生服从学校的管教，如何能让学生心悦诚服呢？

　　为此，爸爸尝试做出改变，换种方式和学生讲道理。学生最喜欢的，莫过于听我讲故事，讲述二中校园里那些真实而又感人的故事。每届学生，他们都知道我的故事的题目叫作《我和他们不一样，因为我是二中人》。首先是"我就读的高中不一样"。校友何诗航曾写道："二中，这是一个有味道的校园，公园一样的学校。当你走在披着绿色爬山虎的教学楼，或是零星点缀着石凳的小树林，那里都会有二中学子的琅琅书声，莺歌一般悦耳，我们都陶醉在这美丽的校园里，真正享受学习带给我们的快乐。在这样一个美丽而有底蕴的校园里，或许个体的成功有偶然性，而作为一个集体，我们的成功是必然的。"而我则告诉同学们："这是一所可以让你静下心读书的地方，你的幸福常常在别人的眼睛里！春青，夏绿，秋金，冬银。二中，每一季都迸发出不一样的色彩，映衬着这三年从这里走过的你们，从花季、雨季

直至毕业季。在这里,笃志楼、思齐楼、博文楼、图书馆,都承载着动人的故事,润泽着一代又一代二中学子的青春梦想。"其次是,"今后人生的走向不一样",二中的学生就应该胸怀天下,做一个有担当的公民。最关键的是,这里的学生"习惯不一样",他们学习主动进取,正如校友陈若煦所描绘的:"二中整个校园都在一种热爱学习、积极进取的氛围中,而这种氛围也深深地感染了我。早上天还未亮,一盏盏台灯已在校园的各个角落亮起;下课时更多的不是打闹嬉笑而是课堂内容的整理与问题的讨论;晚自修前的时间里,晚读大军的琅琅书声回荡在整个校园中;自习时,只听见唰唰的书写声,安静而丰富。置身于这样的环境中,我们都会自觉主动地去努力,并在学习中获得快乐。"他们言行诚信友善乐于助人,这里有没有老师监督的晚自修教室,有无人监视的考场,有享受免检的寝室,还有天天开放的图书馆。他们为人心怀感恩,就如校友周旋回忆起的一个细节:"经过高三教学楼管理室的门前,最醒目的是门上的千纸鹤。那是同学们在管理员阿姨受伤的时候贴上去的,我看得见的是这些小小的纸鹤,看不见的是同学们自发地帮助腿受伤的阿姨每天早上开灯供水,每天晚上关灯关水。曾经的我们总是理所当然地接受着别人的服务,而在那之后我们明白了感恩可以不仅仅是嘴上说说。我们享受着别人的付出,感受着幸福,同时,我们也为别人付出,收获幸福。"他们的精神状态是如此阳光,校园里一张张笑脸,友善的同学关系,让你感受到的是一般学校所不具有的和谐氛围。

配以一个个视频和一张张图片,我讲述着校园里的一个个故事,整个过程,我通篇没有说"不准"两个字,只是告诉他们:"选择一所学校,就是选择一种成长经历!就是选择一种生活方式!选择衢州二中,就是选择了独特的校园文化!选择了优秀的同学圈!选择了一流的校友圈!而应该成为什么样的二中人,我说了不算,你们看了才算。请记住,你所站立的地方,就是你的校园。你怎么样,二中就怎么样。你是什么,二中就是什么。"会后,每位学生都领到了一个任务,就是看看高年级的同学是如何在二中生活的,随时随地观摩高二高三年级同学的晨跑、自修、课堂、午睡、晚寝……最后分班级分享观后感,开展相应的主题班会。

西言,你觉得,让每一位学生充满使命感和责任感地来到这所校园,这样的规范教育,是否可以让学生更愿意接受呢?

爱你的爸爸

附:2018届学生感言

从上学开始,我听过的报告、讲座不计其数,而今天下午听的这场报告是我第一次真正地投入其中,没有开小差,没有犯困,甚至有许多地方令我感动。因为,老师在用讲故事的方式而不是教训的口吻和我们聊天。

——高一(3)班　张　祺

这次报告,是友民叔叔主讲的,是一个"飞机坪"老师,看起来很亲切。他的一言一行,都很幽默诙谐,妙语连珠,竟给我一种似曾相识的感觉。很多学长学姐的成功故事,他们闪闪发光的成功都是从二中起步的。我坐在很深很深的军绿色中,一动也不动,听得很入神,很入神……我想和他们一样,真的,很想!

——高一(1)班　徐怡君

65. 晚自修，让老师离教室再远一点

西言：

想必你也知道，没有几所学校，每天晚上整整几小时的晚自修教室里，是看不见老师身影的。尤其是很多寄宿制的初中，晚自修不仅有老师坐在讲台上维持纪律，回答学生的疑难问题，更有甚者，晚自修的时间全部拿来上课。但是在二中，从 2009 年开始，老师被同学们"赶"出了教室，一直至今。

事情是这样的，当初我担任年级组长时，发现了一个奇怪的现象，越是有老师在教室认真答疑的班级，越像菜市场一样闹哄哄的。究其原因，是有些同学把不懂的问题拿到讲台上求教老师，师生之间难免有相互交流的声音，这就把全班安静自修的氛围给破坏了。于是有些同学就趁机开始讨论问题，乃至闲聊与学习无关的话题。可见环境可以对一个人产生强烈的暗示和诱导，这正如美国政治学家威尔逊和犯罪学家凯琳观察总结的"破窗理论"：一扇窗户被打破，如果没有修复，将会导致更多的窗户被打破，甚至整栋楼被拆毁。如何让教室重归宁静？我开始问计于学生，问需于学生。通过问卷和座谈，同学们认为最好的方式是让老师从教室撤走，到同一楼层的教师办公室去，教室秩序可以让班干部来维持，这不仅仅有利于让教室安静下来，还可以满足学生寻找不同学科任课老师为其答疑的需求。然而在传统眼光里，这样的安排"风险"也是显而易见的，那就是一个没有老师维持秩序的教室，是否有诸多不可控的安全因素，让部分学生有机可乘？是否会导致他们更加"肆无忌惮"地破坏班级学习氛围，甚至出现安全事故？虽然我对二中的学生是有充分的信心的，但是要消除这样的疑虑，也不是那么容易。

身为政治老师的我，"相信学生，依靠学生，为了学生，激发学生，成就学生"成为我在德育工作中始终信奉的"群众路线"。当我把疑虑抛给全年级学生的时候，同学们参与的热情是我始料不及的，他们纷纷献计献策，制定出了避免此类现象发生的诸多合理方案。

请示学校领导后，我向年级全体同学宣布：学校允许在高一年级进行晚自修老师在办公室答疑试点，为期一个月，如果顺利，则可以继续；否则，就取消高一年级享受的"待遇"。我对同学们说："放在高一年级试点，是学校给予我们的信任，被信任是一种幸福。是否能够长期推行？我说了不算，同学们做了才算。我会邀请学校领导、家长朋友等经常来教室转转，看看我们是否经得起别人的信任。"试行的结果可想而知，同学们良好的表现让我也为他们欣慰和骄傲。学校发现这种做法的可行性之后，也欣然同意，甚至在第二学期把这个举措推广到了全校，一直延续至今。

答疑室里被学生围在中间的王胜老师

如何让一项决策深入人心，把好事做好？其实我们不必急于求成，过程比结果更重要。师生互动的过程，既是宣传造势的过程，也是凝聚共识的过程，最后出现我们所期待的理想结果也就是顺理成章的事了。

来到衢高之后，我也如法炮制，设立教师答疑室，每天每个楼层至少有四位不同学科的老师为学生答疑解惑，同学们有问题可以凭借班级"提问牌"到答疑室来求教各科老师，享受"专家门诊"式的待遇。教室纪律的管理，主要依靠的是学生的自我管理。

当我们选择用服务的态度，信任的眼光来做教育，校园里呈现的是更为温暖的色彩。西言，你喜欢这样的方式吗？

爱你的爸爸

学校篇

66. 运动，让学生的体质再强健一点

西言：

　　如果你听说衢州二中学霸多，你会相信这是共识，但是，如果告诉你衢州二中的学生体质健康在全省也是名列前茅，你可能就会怀疑这句话的真实性了。然而，这的确是事实。2012 年、2014 年、2015 年，在浙江省教育厅公布的浙江高校新生体质健康测试中，在 500 多所生源高中学校的排名项目中，衢州二中三次总成绩平均分列第二位。

　　一直以来，二中是一所舍得花时间让学生去做与健康相关事情的学校。对于绝大多数学校，学生可能只有冬天才有集体晨跑的要求，但在二中，从高一入学开始，每天清晨的集体跑便提上了日程。2010 年 9 月，当身为高二年级组长的我把夏天的做操改为跑步的时候，虽然之前做了大量的工作，还是有很多学生叫苦连天，甚至写信给我表示强烈抗议，个别学生给我扣上了违背教育部推广广播操的帽子，要求我恢复广播操，取消集体跑。当然我也积极回应了学生的意见，在跑步的路线、长短、时间等方面作了调整，但是大热天坚持跑步这个举措，我很坚定地坚持了下来。我和学生说道："我要让将来健康的你感谢如今流汗的自己，宁愿现在听到部分同学的骂声，也不愿在将来听到他的哭声。"为什么我要这么做，背后其实是有原因的，随着学生学习环境的改善，无论是教室还是寝室，他们一天到晚都在空调房里，基本上没有出汗的机会，加上高强度的学习，身体抵抗能力越来越差，而做广播操，让一些本来就不想运动的学生有了"装模作样"的机会，唯有跑步是没法"偷工减料"的。后来到了高三，我们非但没有因为学习时间紧张而取消跑步，反而让高三学子"享受"特殊的待遇，那就是晨跑加晚跑。每天下午第四节课后，校园内高三学子奔跑的身影成了一道风景，即使是高考前夕甚至高考当天，我们仍然在坚持，其实在高考期间，集体跑步，大声喊响口号，既是身体锻炼的方式，更是减压的有效方式。

"高三那段时间,晚自修下课铃声一响,我就喜欢去操场狂奔六七圈,大汗淋漓一场,回寝室洗个澡,次日又是精神抖擞的一天。"这是一位筑梦浙大后来以超过浙大线 25 分成绩去了中国人大的学子李甜然写给学弟学妹信里的一句话。渐渐地,下课后操场上满是飞奔的少年,这种自觉自愿的运动成了二中学子的一种乐趣,在校园内形成了一种积极的文化氛围。2016 年高考衢州理科第一名的林祺安姐姐以总分 734 考取清华大学,在高考前一天依然坚持跑三公里。很多学生意识到,运动能让他们以更饱满的状态投入到学习中去,跑步成为他们的一种生活方式和放松手段,有人开玩笑说,如果想和"学霸"偶遇,只要在星光灿烂的夜晚去操场便可。

衢州二中校园里无处不在的运动场景

　　当然,跑步并不是二中开展的唯一的体育运动。篮球联赛、师生篮球友谊赛、"祝福高三"跑操活动、趣味心理运动会,各种形式的锻炼活动,充分调动了同学们参与体育锻炼的热情。在校运会、联欢晚会、科技艺术节、外事交流活动等校园大型活动中,总能欣赏到跆拳道、武术社、健美操队、街舞社等体育类社团带给观众的精彩表演。在每年开学典礼上受到奖励的,不仅有成绩优秀的学生,也有在各类体育赛事中表现优异的同学。

　　潘校长伯伯说:"当运动成为一件习以为常的事,那体质好也成了自然而然的事了。"

　　西言,其实你有运动的禀赋,请一定要加强运动!

爱你的爸爸

67. 展评，让学生的参与面再广一点

西言：

　　记得有一次春季开学，爸爸邀请你观看二中学生的社会实践活动展评。当时坐在下面的除了将在今后一周内依次上台分享的同学，还有家长代表。同学们将通过这样一种公开、透明的方式接受来自多方的现场打分评价。这样的活动，不仅在爸爸所带的班里有，全校所有班级都在开展。不仅在临近学期结束前，而且在每个学期寒暑假的开学初，社会实践活动展评都在各个班级和年级有条不紊地举行。除了常规的奖项，如三好学生、优秀学生干部之外，因出色的社会实践活动而被授予的各项荣誉已经成为全校上下特别关注的奖项。

　　如何引导同学们更积极地投入到社会实践活动中来？爸爸坚信：优秀，永远是激励出来的。为此我不断探索建立社会实践活动激励性评价机制。

　　首先，增加学校评优项目。我们改变以往只是评选三好学生和优秀学生干部的制度，出台了个性化的评优机制。学生不仅可以因为优异的学科成绩而获得表彰，也可以因为在体育、器乐、声乐、绘画、手工、棋类、摄影、舞蹈、动漫、主持、表演、科技创新、社团、管理等领域的优异表现而获得荣誉。如果学校没有设立该奖项，学生可以自主申报，学校鼓励符合条件的学生主动申报。在此基础上，特设社会实践类奖项，既有针对个人的如社会实践先进个人奖、社会实践标兵奖；也有奖给团队的如社会实践优秀团队奖、社会实践优秀班级奖。获得社会实践活动类荣誉的个人，在加入党组织、推荐参加高校自主招生等方面享有优先权。2014 年被保送北大的朱紫璇和余灏凡两位同学，均是学校社会实践活动先进个人。而获得社会实践优秀团队的班级，则享受校文明班级同等待遇。2013 年，衢州二中2008 届学生黄炊不幸被确诊为白血病，高三年级三班和四班的同学们决

定走上街头,义卖自主编辑的优秀美文合集《青白》,并多方筹集善款近九万元,支援黄炊。这两个班级不仅获得学校社会实践优秀班级荣誉,还因此被评为浙江省中学生暑期社会实践活动优秀团队。

其次,修改评选主体。过去的评优基本上由班主任推荐、班级同学投票产生,主动权掌握在老师手中,学生基本上处于被评选的状态。改革后的社会实践展评活动,评选的主体有自评,有他评,有教师代表,有家长代表,其中学生自评占相当大的权重。这些都有利于保证评选活动的公平公正公开,更有利于激发学生参与活动的兴趣,增强学生的社会责任感。

再次,修改评选流程。我们的做法是先由学生将实践活动报告打印成册,在班内交流传阅,接着召开全班社会实践展评活动,邀请老师、家长代表参加,确定学生评委,由被评价者借助电子多媒体分享自己整个社会实践活动的策划、实施、总结过程,其他同学观摩,现场评委打分。全班分享展评结束后,由各班推荐代表参加全年级的社会实践展评,全年级同学参加,由评委现场评出社会实践标兵和社会实践优秀班级。

最后,召开表彰大会。全校召开表彰大会,对获得社会实践活动荣誉的班级和个人进行颁奖,并通过校报、校园网、学校橱窗等途径,以图文并茂的方式予以展览、公示,并录入学生电子学籍档案。

寒假社会实践活动展评现场

通过评价,鼓励学生主动参加社会实践。做好社会实践评价工作,也是为高校招生录取提供重要的参考依据,促使人才选拔从只看到"冷冰冰的分"到关注"活生生的人"。这是学校加强和改进学生综合素质评价工作的使命。

其实,不仅社会实践活动如此,班旗班徽设计、班级特色文化、十佳班长竞选……我们都是通过展评的方式开展。过程远比结果重要,我们致力于为每一位学生提供一个展示的平台,也让每一位同学获得了学习他人的机会。西言,你喜欢这样的展评方式吗?

爱你的爸爸

附:学生感言

在短短二十几天的寒假里,别人也许吃着各种美味的佳肴,玩着各种有趣的游戏度过,而一班的我们,完成了友民布置的"高一(1)班个性社会实践"。

记得那张作业单上醒目地写着"做别人不愿做的,收获别人无法收获的"这样的宗旨。本着这样的宗旨,我们班里的每一个人都完成了至少三项的社会实践,每一个人都付出了辛勤的汗水,每一个人都收获了颇多的感悟。

这所有的一切并不是任务,而是漫漫长路上执着的脚步。家庭理财、社会公益、职业体验……我们体会了当家做主的艰辛,感受了帮助他人的乐趣,体验了早出晚归的劳苦。经历的这些,都化为人生中最跳跃的音符,都变成前方最宽敞的路途。我们怀着一颗热忱、投入的心,完成每一项活动所带来的真切的感触,不仅给自己带来无法比拟的成就感,更给了别人非同一般的感悟。

我们的脚步几乎遍布了衢城的每一个角落:上下街卖花、火车站当志愿者、做饭店服务员、做马路环卫工人、养老院陪老人、孤儿院送关怀……开学后,我们花了一个下午和一个晚上的时间分享了这么多的成果,在讲述自己的经历时眉飞色舞、抑扬顿挫,讲台下的听众也是心随其动、身临其境。事后,我们还特意将全班同学的活动编印成书,留住我们美好的记忆。

这特殊的寒假作业，教给我们的无法用语言来描述。责任、感恩、奉献、关爱、进取……这积极向上的精神早已融入我们活动的每一分每一秒中，我们的收获，比付出多得多。因为这特殊的寒假作业，我们走进了社会；因为这特殊的寒假作业，我们的未来充满了机会；因为这特殊的寒假作业，我们领悟到别人无法领悟的生活精髓。

附：《衢州晚报》报道《一份特殊的暑期作业：赚 100 元》（记者：傅云燕）

今年的暑假，衢州二中的一些学生要完成一份特殊的暑假作业——用自己的力量赚到 100 元钱。他们是如何完成的？你在读书的时候可曾赚到过 100 元钱？

学生：暑期实践要赚到 100 元

8 月 11 日晚，新浪网友"FY—616"在网上求"指点"：就读衢州二中的妹妹有个暑假社会实践——靠自己的能力赚 100 元（不能靠做家务从父母或者亲人处获得）。

赚 100 元钱，听起来很简单，真实施起来却不那么容易。据"FY—616"描述，刚开始妹妹打算做暑期工，没找到；曾沿街找店主询问是否需要发传单，也未成功。最后打算在夜市摆摊卖明信片，也提供慢递服务。可夜市摆哪里好？明信片有没有市场？思来想去，"FY—616"请各位网友提提建议。

上周，记者在市区坊门街遇见了"FY—616"的妹妹方迎和她同学俞欣。那是她俩摆夜市练摊的第三天。她们的露天摊一平方米左右，一张简易的四方桌子，上面摆着各色明信片，最醒目的是个橘红色的小邮筒。"这是我们用闲置的收纳盒做的。"方迎说。每天晚上五点多，她俩开始摆摊，晚上九点左右收摊。为了扩大"知名度"，摆摊的头一天，她们还手写了几十份海报，在坊门街上分发，很多陌生人来捧场。"一位好心的叔叔还送给我们这张桌子。"

十天过去了，今天上午，记者再次联系上了方迎。"上周摆了五天夜市，这礼拜晚上下雨，我们就没出去了。"方迎算了一下，上周只赚了十几元钱："想起来很心酸，觉得很失败，不过也明白了'钱不是那么好赚的'。"方迎说，如果过两天天气好，她想再去试试看。

记者了解到，为完成这个特殊的作业，有些学生选择去饭店当服务员，有的上街卖花。

老师：让学生体验劳作的艰辛

记者联系上了布置这份作业的人——衢州二中高一(1)班班主任郑友民老师。

"衢州二中是深化教学课程改革的示范点，学生暑期社会实践是学校政教处牵头在实施的，也是算学分的一个项目。"郑老师说，以往学生社会实践，多是去社区居委会盖个章了事，走走形式。他很想学生真正用心地参与社会实践。

"现在不少学生的劳动能力比较差，希望他们也能感受到生存的艰辛。"为此，今年暑假，郑老师给班里51名同学布置了这个暑假"作业"，外加每人学会烧一道菜。他没给学生设限制，当店员、农民、小贩都行，关键是让学生体验劳作的艰辛。

开学后，学生们要把暑期社会实践制作成PPT，既要有实践的过程、现场照片，还要有感悟等，届时在全班同学面前展出。"没真正参加实践的同学，很难浑水摸鱼的。"郑老师说。他们还会评选出好的实践内容，进行表彰。

68. 信箱，让师生的沟通再近一点

西言：

如果你留意的话，在如今的衢州二中校园三栋教学楼里，分别有"连线凌宇""春始空间""卷毛信箱"三个信箱，那是以三位年级组长的名字或者绰号命名的信箱。背后极力推广的人是谁呢？是我！

那是在 2009 年，爸爸担任了高一年级组长，倾听学生的声音，依靠学生的力量，激发学生的潜能，成就学生的明天，是我的使命所在。而设立"友民信箱"，可以说是架设了我和全年级学生沟通的桥梁。小小信箱会被学生们关注吗？能收到来信吗？刚开始，说实话，我的心里也没底。一周后，当我打开信箱，眼前的情景让我欣喜，小箱子里竟然躺了十几封来信，有的是几个字的小纸条，有的是长长的好几页纸。我认真地一一阅读之后，遇到了一个难题，那就是有些学生来信是没有署名的，无法当面沟通和交流。怎么办？只要有心，定有办法。一方面，爸爸搬来了一块移动大黑板，对于学生提到的个性化的问题，在黑板上进行回复。另一方面，对于带有全年级共性的建议和想法，我就在每周一次的年级集会上公开回复。同学们发现我如此认真对待大家的来信，积极性一下子得到了激发，之后像"寝室插头太少，冬天吹头发不方便""食堂就餐时有同学乱占位置""晚上睡不着，上课想睡觉怎么办""选修课要怎么选"等各式各样的信件涌进信箱，多的时候甚至"挤爆"了小小信箱。三年来，"友民信箱"收到了几千封学生来信，内容细到学校的一草一木、食堂、寝室和厕所。有道是"哭声、骂声、埋怨声，声声入耳；关心、贴心、责任心，心心相印"。即使是学生抱怨、责备我的来信，我也会认真对待及时交流，在我看来学生愿意写信和我沟通，那是一种信任，如果对他们的需求不闻不问，"听不进"他们的声音，下一步一定是"听不到"，他们就不会写信给你了。所以对于同学们的来信，我是非常重视的，即使再忙，也会认真阅读并进行归类整理、调查处理，然后以各种形式回复。

为什么这个信箱能起到这么大的作用？也许一封同学写给年级组长祝凌羽的来信可以解释个中原因。"祝老师：您好！本来我以为'连线凌宇'就像很多商店里的投诉信箱一样，只是个摆设。但是上次听到您把很多同学给您的来信都答复了以后，我才知道，'连线凌宇'真的是老师与学生之间沟通的桥梁……"《衢州日报》曾经刊登了衢州二中 2012 届毕业生张启盈发表的一篇文章，题目就叫《友民信箱》，这更坚定了我的做法，所以来到衢高，我也为每位年级组长配了个信箱，高一的"潘潘信箱"，高二的"阿汤信箱"，高三的"老宋听你说"，据说都很"火爆"。

小小信箱传递着沟通和信任，注重学生的心理需求，认真倾听学生的心声，也让校园处处洋溢着和谐、温馨、幸福的氛围。西言，期待你的"西言信箱"。

爱你的爸爸

附：《衢州日报》报道《"友民信箱"》（记者：张启盈）

我是去年从衢州二中毕业的，郑友民是我们的年级组长，一位才年过三十头就谢顶得光亮的男人。从高一起，我们一楼的走廊尽头就有一个小小的"友民信箱"，看起来和许多学校的"校长信箱"、网站里的"投诉信箱"没有什么不同，小小的靠在墙上，挂一把黑色旧锁。不同的是他在每个周二早上的年级集会上，会读一张张同学放进去的小纸条，另一只手拿着一个大本子，讲讲他对这个问题的看法，是共性的问题就举手让全年级的同学表决，或者交代给班长、班主任在各个班讨论。

小到夏天空调开不开、晚跑还是晨跑，大到周六下午的课要不要为了家住龙游、江山、常山、开化的同学能坐得上大巴回家而提早下课，各种问题的讨论，最后少数服从多数。甚至一些搞笑的同学提议食堂的菜饼里要放葱会更加香、宿舍门口晚上能不能设一个包子铺让同学们吃上热腾腾的夜宵，在千人的集会上提起来实在叫人捧腹。印象深刻的是高三的一次，友民读了一封匿名信给我们听。信是对他的不满，不满刻板的作息时间，不满他一味地强调成绩,信里还旁征博引,引用了周国平、村上春树的名言,加上大段大段的排比,气势很足,中间一句大概是"你现在把大家激励得拼命做题考试,到时候高考大吉,我们也成了你仕途上的一颗棋子"。友民就这样带着感情去读这样一封表达深恶痛绝的信,我们一个年级的人屏息聆听,他念完信后声音压低一些说了一句:"真的没有把大家当仕途上一颗棋子,还有这个同学对我意见这么大,可以留下姓名我单独和你聊一聊的,不留姓名我只好在年级集会上讲给所有人听了",似乎有些落寞。事后我问身边同学对那封信的看法,一方面大家都认同作者的才华,他的确讲出了我们的一些心声;另一方面大家又有些同情友民,认为他没有那样冷血。

的确没有那样冷血,起码他对我们、对班主任的要求,他自己一定带头做到。要大家晨跑、早起,我们出寝室门时就能看到他在迎接每一个人,为我们尽可能组织各种小活动。记得一个下着大雨的早晨,我早早醒来,索性出了寝室去博文楼。铺天盖地的雨让博文楼走廊拐角处有了淹没我脚踝的水,只见友民一人穿着那件粉红色的 T 恤拿着大竹扫帚在奋力地扫着水。我心里很感动,和他打招呼他也只是抬起他光亮的脑袋嘿嘿一笑说"你好",接着扫水。我特意留心,等到同学从寝室陆陆续续出来时,他已经扫完了水回班上去了。

有了这个友民信箱,人人都可以对这个年级,对自己班的事务提出自己的想法,而且心里确定不管问题能不能顺着自己的心意得到解决,友民起码会看到,会征求许多人的意见,这里面有对他的信任,然后我们就有了参与感。

衢高高二年级的"阿汤信箱"

学校篇

213

69. 毕业，让离别再深情一点

西言：

有时我们需要一个仪式，告别过去，开始一段新的旅程，有仪式感的生活将会赋予生命更多的意义，毕业典礼就是如此。由于爸爸所在学校的毕业典礼基本上放在高考结束当日，也就没有时间允许学生去好好准备，但这并不影响我精心策划一个富有仪式感的活动。现在回想起来，典礼还是亮点颇多的。在这里，爸爸仅以2012届高三毕业典礼和你分享。

早在考前一个月，我就给每一位同学写了一封主题为"留下感恩，留下美好"的公开信进行预热："亲爱的同学们，六月即将向我们走来，以怎样的心情、怎样的方式离开三年生活的母校，同学们一定有许多的想法。早在高一的时候，我们就有一个约定，让二中毕业典礼因为优秀的我们而变得更庄严……让我们一起来印证2012届的优秀，也让毕业的日子成为你我生命中最灿烂的回忆。"在这封信中，我向全体同学提出了离校前要做到十件事情，诸如感恩后勤员工等一个个暖心的活动，在紧张的备考氛围中也在慢慢地开展着。

"相逢是首歌，相聚是种缘。我纯真可爱的一班孩子们，谢谢你们三年给予我的精彩，我会永远记得你们，也祝你们以后的人生路上充满幸福与快乐，要记得常回家看看。"这是高三（1）班班主任胡震芳的视频告别，伴随着全体班主任的深深祝福，毕业典礼就此拉开了帷幕，也给整台典礼活动定下了温情的基调。

"君子翩翩，我本风雅，端着紫砂壶一身书卷气的老李，你的掌心有一轮太阳，四十八朵向日葵在所有的年月为你开放。感谢你用你的气度和胸怀为我们坚守，在你眼底我们可以找到心中的海洋……我们的婵娟姐姐，你喜欢爽朗的大笑，喜欢偶尔爆发独树一帜的小幽默，你那天真无邪的神情更成为我们心中无法抹去的美,你给予我们的不仅是二十六个悦动的英文字母,还有最温暖的陪伴。"伴随着音乐以及学生的感恩和祝福,每一位任课老师,在课代表的陪伴下,依次走向主席台就座,并接受各班送给老师的纪念礼物。

典礼活动中,让学生最意外的是上台发言的教师代表,竟然是学校的临时工——高三教学楼管理员荣仙阿姨,朴实无华的讲话之后,忘不了和全体毕业生说上一声"亲爱的同学们,我爱你们。""惊"得台下近九百名学生一片欢呼,掌声经久不息。

后来我们又不断加入一些新的元素,比如2014届毕业典礼最后,是同学们给学弟学妹们的留言祝福展板;2016届典礼的下半场,则是给全年级以及每个班级同学航拍全家福。我们不让仪式匆匆走过场,期待他们在盘点高中三年时光的时候,有那么一些场景、一些面孔、一些瞬间,串起了生命中一段平凡,却值得珍惜的岁月,而那些温暖的记忆几乎都与二中有关。

西言,希望你的每一次离别都充满温情。

毕业典礼上放声歌唱的2015届高三(1)班同学

爱你的爸爸

附：学生毕业感言

毕业季

随风摇曳的爬山虎葡匐在教学楼前，交织成一幅生意盎然的画卷。春发，夏长，秋枯，冬藏。春青，夏绿，秋金，冬银。每一季都迸发出不一样斑斓色彩，映衬着这三年从这里走过的我们，从花季，雨季直至毕业季。

三年前的一袭军装辗转成三年后的一声"珍重"，三年最璀璨的韶华演绎了一支青春的乐章。那伫立在我们面前千年不朽的孔子像，那一幢挂着"六六大顺"横幅的寝室楼，那一座"静静地来，静静地走"的图书馆，那一条浸渍着我们汗水的塑胶跑道，那不知名的鸟儿唱响的欢歌，那十八位班主任的谆谆教诲和诚挚祝福……一切都值得我们用一生去回望珍藏。

三年，我们拥有奔赴锦绣前程的梦想；我们拥有圆梦 2012 的誓言；我们拥有高考前被学弟学妹们用烛光点亮的感动幸福；我们拥有为我们"开灯关灯扫厕所"的荣仙阿姨；我们拥有同一个叫友民的叔叔；我们还拥有同一只叫肖恩的小羊。

每一棵葱郁的树下，每一朵馥郁的花上，都留着我们手捧书本或吟或诵的身影。

每天的晨曦微露，每日的夜幕深沉，班主任们都会牢牢地守护在我们身旁。

昨日的如花笑靥老去成如今的泛黄书页，总以为不散的筵席却在不经意间落下了帷幕。但二中的一草一木都是我们最亲爱的友人，二中的一人一物都是我们血脉相连的见证。

号角已吹响，学子将远行。无论何时，无论何方，二中永远是我们生命中最为斑斓的那束烟火、最为鲜明的那抹亮色。

祝福最美的二中，做永远的二中人！

高三(3)班　徐潘依如

愿我们都走向最美好的未来

"在东方似是晨曦未露,乍回身,已是大地明亮。"这句诗用来描述我如今的感受,实在恰当不过。是啊,高中三年,那些难以忘怀的画面仿佛就在昨日,一个转身,青葱岁月如流水般逝去,高考结束,后每个人都将踏上独一无二的崭新的征程。

难忘翁老师为我们讲述二中的历史,在他的娓娓道来中,二中的一草一木,一砖一瓦,都因历史的积淀而富有灵性。从老音乐教室到红五环广场,从恩师亭到闻道石,再到"学在二中""和而不同"的石刻和随处可见的古树名木,无不体现了二中深厚的底蕴。也是从那时起,伴随着《学生手册》的,还有一本《论语》,我们惊讶地发现所有建筑的名字都有《论语》的出处:思齐楼、笃志楼、博文楼、修己楼、正身楼……习习儒风为充满活力的二中注入了稳重的内涵。军训更是一抹亮色,永远忘不了军训结束第一次升旗,身着绿色军装的我们动作整齐划一,那响亮的靠脚声令学长们惊讶。我想起了友民的一句话"改变,从这一届开始"。

难忘的,还有"高雅艺术进校园"活动,我们第一次了解到衢州的本地剧种——婺剧和浙江的特色剧种——越剧。我们惊奇地发现戏剧并没有想象中的那么乏味。艺术家们依次登场,在古老的腔调中我们领会到了传统文化的精华。还有二中大讲堂、球赛、运动会、科技艺术节……各类活动成为我们最好的放松方式。

然而,最难忘的是高三。从入驻博文楼的那天起,高三,正式开始。做题,讲题;再做题,再讲题。考试,这是最好的概括。都说高三苦,然而当你亲自体验之后,你应该会说:"高三,不过如此。"那些天天做题的日子,因为有了老师、同学们的陪伴而显得熠熠生辉。考试失利乃家常便饭,一次次打击,一次次重新努力,希望如热带鱼的鳞片闪光般若隐若现。航向逐渐偏离既定的目标,但仍不断为自己打气,这是高三的常态。

高考已结束,成绩尚未出,无论结果怎样,这都将是我们的一次新生,在大学里，无论如何，我们都必须努力，一如既往。因为，我们追求自我完善和发展的路永无止境。

策马扬鞭天际看，愿我们都能找到生活的意义，正确认识过去，走向最美好的未来。

高三(16)班　余瀚超

2016届高三学生航拍的创意毕业照

十、 建立信任，同心而共济

70. 处分逐级撤销不是一棒打死而是充分肯定

西言：

你我一样，内心深处都希望得到来自别人的鼓励和赞赏。然而，适当的惩罚同样是必不可少的，没有惩罚的教育，一定是不完整的教育。当然，如何通过实施惩戒，让"坏事"变成"好事"，才是我们的目的所在。

对于一些严重触犯校规校纪的学生，处分是迫不得已也是必要的手段，在之前的常规做法中，受处分学生只能在高中毕业前才能申请撤销自己的处分。后来我想，即使是罪犯，在监狱也能获得减刑，为何学生所受的处分一定要毕业才能撤销？如何从重结果转变为重过程的管理方式？爸爸在担任政教处主任期间，处分过为数不少的学生，庆幸的是，几乎没有家长和学生，因为我的处理举措，事后和我交恶。相反很多家长倒很是感谢，因为我挽救了他们的孩子。离开二中的时候，就有被我处分过的学生来到政教处办公室，和我紧紧拥抱告别。而我所做的，只是基于对方立场尤其是家长立场出发。

首先，我会邀请家长来学校商量，告诉他孩子所犯的错误。在此过程中，我始终真诚交流，并秉承这样的一个观点："我也是孩子的父亲，如果是我的孩子犯错误，身为家长的我也一定是非常难过甚至是气愤的。当然，如果我们愿意，也可以一起把孩子成长过程中的危机，变成教育改变的契机，前提是需要双方的配合和理解。"在这样友好的氛围中，我们以商量的方式达成如何惩戒孩子的方式。而真正让家长理解我良苦用心的，则是我采取了逐级撤销学生处分的手段。

衢州二中处分学生月度评价表

基本信息	姓名		班级		考核月份		处分等级		签名
任课老师考评	本月上课纪律	好（　）		一般（　）		差（　）			
	本月作业情况	好（　）		一般（　）		差（　）			
班干部考评	本月教室表现	好（　）		一般（　）		差（　）			
	本月寝室表现	好（　）		一般（　）		差（　）			
义工服务处室人员考评	本月义工情况	好（　）		一般（　）		差（　）			
班主任考评	本月行为习惯	好（　）		一般（　）		差（　）			
	本月学习习惯	好（　）		一般（　）		差（　）			

班主任意见____年级组长意见____政教处意见____

每个月受处分学生都会主动寻找班级中的一位任课老师、一位班干部、本寝室寝室长、一位处室人员（主要是图书馆），以及班主任，让他们进行评价。如果全都评为"好"，那么处分就降一级，比如记过的，就可以变为通报批评；如果全部考核为"差"，则处分自动升一级；如果全部考核为"一般"，则不升不降。没有五个"好"或者五个"差"，都是不升不降。

每个月学生到我这里签署政教处意见的时候，也是我和学生单独沟通和交流的契机，这种富有人情味而又注重沟通过程的方式，让学生切身感受到学校是为了帮助他成为一个更好的人。这种做法不但有利于改善师生关系，而且利于学生的健康成长。

自启动这项制度以来，那些受处分的学生绝大多数朝良性方向健康发展，改变了他们破罐子破摔的念头和做法，给学生以改过自新的机会和希望。

西言，人都在犯错中成长，错误不可怕，关键是我们如何对待。你说呢？

爱你的爸爸

71. 寝室免检不是放纵而是放手

西言：

曾经你对淑妍姐姐住在学校寝室的生活羡慕不已，进入初中后你终于圆了自己的住校梦。然而你是否发现，寝室和家里的生活有诸多的不同？爸爸曾经持这样的观点，一个优秀的寝室，高考想考差都难。一直以来，对于寝室风貌的建设，我是特别上心的。

设立免检寝室是我引以为豪的一大举措。寝室的评比，往往以卫生、纪律、安全三方面为依据，分数扣得最少的才有资格评为文明寝室。有一次我在想，我们市场上的很多商品，不都是国家免检产品吗？为什么我们不可以对那些表现优秀的寝室给予免检的待遇呢？说干就干，针对当时寝室的状况，我在高一年级进行试点，给一个月内没有纪律扣分的寝室颁发免检寝室（也叫自主管理寝室）荣誉称号。有仪式感的活动才更富有意义，对于获得免检寝室荣誉的寝室，我则大张旗鼓地在全校同学面前拍照授牌，并把寝室合影展览在学校橱窗，免检的牌子则挂在相应寝室的门口，营造了免检光荣的浓厚氛围。每个月的拍照授牌表彰活动，变成了所有同学尤其是寝室长特别期待的一件事情，情同手足的同学关系让室友之间觉得互帮互助是天经地义的事情，而获得免检荣誉最多寝室的寝室长也将自动获得校级优秀学生干部荣誉称号。随着活动的深入开展，一个月内纪律扣分为零的寝室越来越多，我们也顺势提高了获得免检的门槛，到了最后，获得免检待遇的寝室，不仅仅是卫生、安全、纪律全部没有扣分，而且要每月卫生表扬二十次以上。以至于到了后来，寝室管理老师向我诉苦说，起初评免检寝室难，是因为整体状况差；如今难评则是幸福的烦恼，因为绝大部分寝室表现都特别好。而这，不正是我的初衷吗？

西言，和其他很多学校不一样，二中几乎是全年允许学生周末留校，这给学生的安全管理带来了很大挑战。但是这不是我们推脱的理由，怎样把

免检寝室照片展

好事做好,给学生便利,让家长放心,学校责无旁贷。对于周末不回家的同学,只要他向学校提交留校申请表,班主任通过短信和家长取得联系核实到位,学校尽可能为他们提供方便。周末的校园里,有周末影院,每周播放经典电影;有自由取阅报纸杂志的阅览室;有自由冲浪的电子阅览室,当然,最受欢迎的依然是图书馆自修大厅。

到了高三,很多同学选择了熄灯后"开夜车"。针对这种个性化的需求,我们同样没有实行一刀切,而是继续推行自愿前提下的荣誉申请制度,允许部分寝室在全体寝室成员协商一致,不影响按时就寝同学的前提下,各自带台灯继续学习。由于这是学生自愿前提下主动申请的,某种程度上也是给予该寝室的一种信任,一份荣誉。所以在管理方面的压力也就减轻许多,学校要做的,仅仅是尽可能提供力所能及的服务。

西言,希望你的寝室将来也是免检寝室。

爱你的爸爸

72. 沟通渠道不是"多"好而是"真"好

西言：

记得 2009 年秋季开学，当毕业学生听说我担任年级组长后，着实替我捏了一把汗："友民，这下够你受了，等着挨骂吧。"的确，一直以来，年级组长在学生面前往往扮演着尴尬的角色：他们大多是在学生违纪时直接与学生交锋，在年级集会上对学生进行训斥和宣布处分的角色。但如今，我却一直感受着因沟通带来的那份特有的幸福感，现在回想起来，要感谢那块"温馨黑板"和小小的"友民信箱"。

"郑老师，感谢高一教学楼一楼的那块温馨黑板，女儿说了，以后当她从学校毕业后，也许很多东西都会被淡忘，但友民叔叔的那块小黑板肯定会成为她美好记忆中的一部分。"当我收到一位家长发来的短信时，欣慰之余，也不由得庆幸这块小小黑板所带来的沟通魅力。

一个偶然的机会，让我常挂在嘴上的"爱是需要表达的，人是需要鼓励的，心是需要沟通的"班主任工作理念有了在年级管理平台实践的机会。在 2009 年高一开学初连续几次的始业教育集会后，高一孩子们良好的会风不约而同地受到了学校相应领导的表扬。因为领导都只是在我面前说起这个事，所以我就在寻思用一种什么途径来与学生共同分享这份来自他人的鼓励和评价。看到教学楼东侧一楼有块学校用来登记各班三项竞赛评分结果的黑板，我就联系总务部门在旁边挂了一块小黑板。这是一年级学生去食堂吃饭的必经之处。当天午饭后，我发现同学们几乎都在黑板旁边驻足观看："亲爱的同学们，学校领导多次表扬我们，高一年级拥有近几年来最好的集会风气，我为你们感到骄傲。是的，我们可以做得更好，让我们做一位有修养的二中人，建一个有特色的团队。我愿意并相信我们会听到更多关于你们的好消息！"之后的连续一个多礼拜，我不断挖掘这届学生身上的闪光点，每天在黑板上与他们共勉、分享：有部队领导对学生军训会操的高度评价；有学校保安对学生礼貌进出校门的表扬；有医务室医生对学生有序排队体检的肯定；有寝室管理员对学生文明住校的由衷赞叹。通过"友民黑板"，我温馨提醒学生冷空气南下、天凉要加衣、小偷出没需要防范等；与学生一起分享老师结婚生子、同学文章发表和竞赛获奖的喜悦；共同祝福我们的长辈父亲节母亲节快乐。尤其是欧冠足球决赛、NBA 篮球总决赛、南非世界杯期间，这块黑板又成为我每天向学生汇报赛事战况的地方，我和梅西的球迷、国米的拥趸、科比的粉丝们共同关注、一起分享。通过黑板，我寻求共识、树立榜样、表扬先进、鞭策落后、传递温暖。长期的沟通不仅让孩子们感受到了尊重，也给年级、班级管理带来了意想不到的效果，师生间少了摩擦，多了理解和信任。

一直以来，我每周都会通过"友民信箱"收集关于图书馆氛围、跑步圈数、考试环境、寝室纪律、食堂饭菜等诸如此类的问题和建议，而我也从未错过每个周二的晨会——给他们以回复，有接受批评的，有解释原因的，有表示感谢的。通过"友民信箱"，我倾听学生的声音，响应他们的建议，我把晚坐班撤回办公室，把诚信考场一直坚持至今，把年级元旦晚会主办权完全下放给同学们，还开展高三寝室熄灯后学习申请活动。"友民信箱"让我和学生的心灵走得越来越近，很多学生成为我年级管理的建言献策者，一部分对年级管理存在戒备心理的学生也慢慢理解并支持我的一些做法。学生从学校、年级管理的被动接受者变成主动参与者。

后来我如法炮制，相继给各年级组长都做了信箱和黑板，哪怕是来到衢高，也是如此。效果可想而知，当然是好。沟通是成功的桥梁和纽带，善于沟通就能消除误会和隔阂，就能增进彼此的了解、信任和友谊，并获得支持。只要你学会放下架子，真诚对待学生，懂得适当鼓励，重视与学生的沟通、交流与合作，也依然能成为学生生命成长中的重要他人。西言，你说呢？

爱你的爸爸

73. 周末校园，不是要求学生离开而是吸引学生留下

西言：

你会发现每到周末，衢州二中都有少则一百多个，多则五六百个哥哥姐姐留校不回家，遇到期中、期末考试，留校的人数甚至会接近千人。他们有的来自衢江、龙游、开化、江山、常山等偏远山区，有的父母长期在外打工，有的虽然离家较近但喜欢留校学习，还有的家住市区但周末来图书馆自修。前面爸爸和你说到的廖光绪哥哥，就是一位几乎每个周末都留在学校的同学。

虽然如此庞大的周末留校学生数量给校园的安全管理带来的是很大的考验，但二中没有采取"一刀切"做法，实行的恰恰是人性化、差异化的管理和服务，为每位学生提供适合的周末活动内容和场所，满足他们个性化需求。这又是如何实现的呢？让爸爸为你一一道来。

首先，自主申请是必须的。学生向学校提出申请，填写周末留校申请表。信息包括所在寝室、班级、姓名、留校原因、家长联系方式等。申请单一式两份，一份由班干部交给班主任，一份由学生会干部收齐交给寝室管理老师。

其次，家校联系很重要。班主任将本班留校学生信息发给所有家长，告知本班留校学生情况，并要求家长在收到信息的第一时间及时确定并反馈。同时也有两位留校同学（男女各一名）作为临时负责人，随时与班主任保持沟通。

再次，周末的活动是富有个性的。是运动、还是学习，决定权在学生手里。同学们最喜欢去的当然是图书馆，学校也鼓励大家充分利用图书馆资源。他们可根据各自实际，自主安排周末学习生活。愿意看报纸杂志的学生，可到一楼阅览室取阅最新的报纸杂志；喜欢看电影的学生可到图书馆一楼报告厅观看由学生自荐或老师推荐的经典电影；想上网查阅资料的学

生，可到图书馆一楼电子阅览室上网，学生无须外出，通过电子阅览室，就可以在此通过"绿色上网"，查询所需资料；要自习看书，做作业的学生，可到二楼、三楼自习大厅就座。周末的衢州二中图书馆经常是座无虚席，尤其是二楼自修大厅可谓一座难求，学生往往上午就去抢占座位，然而大家只要一落座，图书馆就马上安静下来。良好的学风感染并影响着一届届学子，图书馆成了二中最亮丽的一道风景。

在图书馆开放期间，进行服务和管理的同样也是学生。如图书馆自修大厅、电子阅览室就有学生会文明服务小组的参与，电影放映由学生会文艺部负责，一楼书报杂志阅览室由学生会图书管理员服务。他们通过维护图书馆良好氛围，为同学们提供极佳的学习环境。学校一直在努力打造一座"大学图书馆"，让学生在高中时代就能提前感受到大学图书馆的氛围，主动伸出求知的触角去自我学习。

最后一个环节，就是有序的寝室管理。活动结束，学生回到寝室，寝管老师在规定时间范围内逐一检查核实各寝室周末留校学生到位情况，若发现登记之后不在寝室或未经登记就留校就寝的，则马上通过留校登记表上的联系方式联系家长核实，并通知班主任。

这种人性化、弹性化的周末管理方式，一方面满足了周末住校学生的多方面需求，体现了学校用服务的态度在做教育，另一方面也让图书馆成为无声育人的最佳场所，让学生在周末图书馆浓郁的文化氛围和学习气氛中潜移默化地受影响。这些做法自然深受学生欢迎，家长赞誉。

西言，你喜欢怎样度过你的周末呢？

爱你的爸爸

附：周末留校申请表和周末寝室检查表

表一：周末留校申请表

学校政教处：

我们申请本周留校住宿，现将基本信息填写如下：

寝室_____ 班级_____

姓名	留校原因	家长联系方式	班主任签字

为此，我们将做到：及时与父母联系并告知相关情况，如实填写相关信息，遵守《学校公寓管理条例》及学校关于留校学生管理有关规定，按时就寝，听从学校公寓管理人员统一管理。

表二：周末寝室检查表

寝室	申请人	检查结果	家长联系方式	班主任联系方式

74. 改变校园生态，不是多"训诫"而是多"点赞"

西言：

善于发现身边的闪光点，用放大镜去激励、唤醒和点燃身边的人，是爸爸一直在坚持的。"老师，我几乎从来没有听到过您责备我们，一直以来几乎都是表扬和鼓励，其实我知道，很多时候，我们年级做得并不好，但您总是想办法用最委婉的办法来提醒、督促我们……"学生的来信使我认识到教育就是一面镜子，如果你用信任、真诚去尝试和激励学生，给予他们正面的引导和熏染，学生也会用同样方式予以回报，这更坚定了我的信念：优秀可以通过激励获得！

我不断寻找同学们身上哪怕是再小的闪光点。记得当初陪伴 2012 届学生的时候，我既是班主任也是年级组长，在年级迎新晚会上，我朗读了一封信《写给高一全体孩子们》，其中一部分是这样写的：

亲爱的同学们，你可知道：

当部队的领导表扬我们说，这是他检阅过的最好的一届二中学生时，我们是多么欣慰。

当学校的领导表扬我们说，高一年级拥有最好的集会风貌时，我们是多么欣慰。

当寝室管理老师感叹说，这届学生的免检寝室特别难评，因为几乎所有的寝室都很优秀，我们是多么欣慰。

当你们在开学典礼上大声地喊出"爸爸，妈妈，我爱您"时，我们是多么欣慰。

当你们在每周的升旗典礼上整齐地唱响国歌时，我们是多么欣慰。

当保卫处的保安们告诉我们，高一的同学很有礼貌，很有书卷气时，我们是多么欣慰。

当教务处的老师告诉我们，高一的同学机读卡填得很好，考风考纪也很好时,我们是多么欣慰。

……

当江滨路晨练的市民告诉我们,高一的同学早操是多么整齐,晨跑是多么有气势时,我们是多么欣慰。

当来自省城的交响乐团的艺术家们动情地告诉我们,衢州二中的学子是如此让他们感动,让他们感受到了二中学子无形的文化素养时,我们是多么欣慰。

当看见同学们大课间在广场上欢快地跳大绳时,我们是多么欣慰。

当一楼的小黑板上不断更换着关于你们温暖而又感动的点点滴滴时,我们是多么欣慰。

发自内心真诚的表扬获得了学生掌声的同时,也融洽了师生关系。即便到如今,我也从不放弃任何一个可以和同学们一起分享的机会,表扬和鼓励的好人好事好习惯。每个人都希望被肯定、被赏识,孩子们何尝不是如此呢?

一直以来,我不断拓宽有效鼓励同学们的渠道。每周年级集会,我必定讲一点关于年级、关于同学们的闪光之处,每天年级黑板总会留下我鼓励、表扬同学们的字迹,从拾金不昧到竞赛喜讯,从卫生到纪律,从教室到寝室,从学习到身体,任何一件具体的小事都可以成为我和同学们一起开心的理由。

我自己除了通过集会和黑板鼓励同学们,我还求别人来表扬我的学生们。我请毕业的学长来校参观,然后写信表扬;我通过校讯通请家长表扬我的学生他的孩子;我请外校来二中监考的老师表扬孩子们的考风;我请寝管在黑板上表扬孩子们的寝室;我请学校领导表扬他们的良好修养;我甚至请高一高二的学弟参观高三熄灯后的寝室,请他们写点感受给我,我好读给高三的同学们听。其中高二年级一位学生的来信中有这么一段话:"那点点的灯光,令满天星辰黯然失色,我有的是惭愧,但更多的是期待与向往，我多想能像学长们那样努力学习，体会学习所带来的幸福感和成就感。我相信，我会以他们为榜样，在今后做得更好。"具体而不抽象的间接表扬更是帮助我的同学们获得自信，激励他们做得更好！

来自学生的点赞

我从不会因为遇到的困难而丧失对同学们的信心，困难不是我们放弃努力的借口，恰恰是奋发进取的动力，我几乎从不在学生面前妄自菲薄，我深信学生的潜能，我坚信精神的力量，他们身上再小的闪光之处，都可以成为我激励他们奋发进取的素材。

"现在的学生越来越难教"，这是我们常听到的话。但正如人们常说的，世界上不是缺少美，而是缺少发现美的眼睛；同样，学生身上不是缺少优点，而是缺少发现优点的眼睛。如果我们班级、年级的管理工作，和怨言相伴，与牢骚同行，我们不可能带出一批自信坚强、积极乐观、心灵充满阳光的学生。我庆幸面对学生，我放弃了抱怨和挑剔，选择了信任和鼓励，让我们的工作生涯，少了一丝倦怠，多了一份幸福！

西言，你发现我的改变了吗？

爱你的爸爸

75. 认识新同事，不是"守株待兔"而是"先发识人"

西言：

当有人问一位德高望重的老师深受学生爱戴的原因时，他的回答出人意料：记住每个学生的名字。我身边就有这样一位老师，就是潘志强校长。爸爸总是惊讶于他总能够及时叫出别人的名字，这会让人感受到一份尊重甚至是赞美。相反，若是把他人的名字忘了，或写错了，就会处于非常不利的地位。我可是深有感触。

刚到衢高的时候，为了尽快认识新单位的同事，我也是蛮主动的。每次遇见同事，我都会主动上前打招呼，并作自我介绍，而有位同事的回答真是让我羞愧不已。在一次去食堂的路上，我遇见了一位女同事，就主动上前招呼并作自我介绍，当我再次询问对方如何称呼时，这位老师无奈地说："郑老师，您已经第六次问我姓名了，我很难过。"说实话，我当时也是非常尴尬的，想起了李希贵老师在《学生第二》一书中也强调了记住对方名字重要性的教导："说实在话，在众多的汉字当中，人们最感兴趣的还是自己的名字。"我要求自己必须改变这种不尊重他人的做法。

首先，我放弃了含有全校老师联系方式的"移动彩云"，而是把所有老师的姓名和联系电话逐一输进自己的手机，认真输入一次带来的熟悉程度，效果远比我背了三次对方的名字还好。更重要的是，当老师们打来电话时，我能马上叫出对方的名字，有一次，一位老师因为请假事宜打我电话，电话接通以后，还没有等自我介绍，我已经叫出了她的名字，第一次打我电话的她在手机那头惊讶地说："您怎么知道是我？"而我则告诉她，我早就有了她的联系方式。

其次，我不断走进老师们的办公室，主动和老师们沟通交流，当得知同事们的姓名后，我都会拿出手机打开通讯录，询问是否输错名字或者号码。其实，我是在加深对老师的印象。在此基础上我"得寸进尺"，要求通过微

学校篇

信加对方为好友，对于这个要求，不同的同事是有着自己不同的想法的，个别老师可能会有所顾虑，但绝大部分老师都爽快地答应了，成为我的"新朋友"。这样带来的好处是显而易见的，不仅加深了我们彼此之间的了解，更让同事们成为我"讲述衢高故事"的同盟军，进一步凝聚共识，砥砺奋进。

和新同事合影

一段时间后，所有的男同事我全部认识了，但还有一些对不上号的女同事，于是我就"缠着"和她们合影留念，然后对着手机里的照片不断比对，以便通过她们的外貌特征而加深记忆。

卡耐基在《人性的弱点》中强调："记住，一个人的名字是任何语言中最甜美、最重要的声音。"

记得在衢州二中的时候，有同学表扬我，说我是唯一努力去记住每一位同学名字的任课老师，这个小小的举动让她感觉很温暖。到了衢高，也有同事评价我是最快叫出全校所有老师名字的人，对于这样的肯定，我是欣慰的。

西言，让我们尽快去记住对方的名字吧。

爱你的爸爸

十一、倾心寻找，孤光一点荧

76. 再远的关系都能温暖

西言：

如果问你，在学校里最希望得到谁的鼓励？想必，你的答案很有可能是老师，尤其是班主任，我也是如此。而对于爸爸来说，所有的身边人，都是我激励学生的宝贵教育资源。

我曾经邀请过荣仙阿姨谈谈她的所见所闻。我至今保留着她当时淳朴的发言内容："我在这里已有六年，从未见过像你们这一届这样好的师生。卫生方面，走廊、楼梯都扫得干干净净，早上起得早，晚上睡得迟，学习很用功，对我又那么关心。有一次我在楼梯上摔倒，你们帮我洗厕所，开自来水开关，开灯，关灯；我丈夫刚去世那段时间，你们又同样帮我做了很多事情，还有些孩子为我折了很多千纸鹤，并贴在我的门上来安慰我。很多学生担心我孤独，对我说，'阿姨，你不要难过，我们都是你的孩子'。看着门上的千纸鹤，听着你们安慰我的话，我心里有一种说不出的感动和温暖。我不感到孤独，因为有这么多的好老师和学生天天陪着我……"如此淳朴而又真诚的发言，怎能不感动同学们？会后有学生写信给我说，当时眼睛都湿润了，因为感动。

这样的事情，我是乐此不疲。曾经，我邀请食堂阿姨为同学们鼓劲加油："我进校二十余年，临近退休，所见到听到的这一届，是最优秀、最有礼貌、最有修养、最善解人意、最有素质、最关心我校食堂发展的学生！我祝愿全体高三师生在这最后阶段，勇往直前、拼搏向上，给学校、亲人、自己一个满意的答案。"也曾邀请体育老师给大家送别："你们创造了二中校园一幅幅优美的风景。晨跑时那整齐的步伐，集队时那军人般挺拔的站姿、笔直的队伍；早操时整齐划一的动作，让我不禁在内心为你们鼓掌。你们总是那么彬彬有礼，那么谦虚好学。即将面临高考，你们的脸上还是那么淡定、从容、阳光，真心祝福你们好运！"

被请到毕业典礼上发言的荣仙阿姨

无论是校内的保安、寝室管理员、图书馆管理员、打字员、实验室老师、小店售货员，还是校外的退休教师、实习大学生、学生家长，他们都是我鼓励学生的可靠朋友。甚至，我主动邀请外地的高中生来校体验二中生活，邀请农村初中的学生到二中感受二中浓厚的学习氛围，邀请二中学生初中母校的老师来校看望自己昔日的弟子，邀请一届届校友为学弟学妹送上他们的祝福。北大校友洪哲熙写给母校学弟学妹的来信中有一段话特别能够引起学生的共鸣："我不觉得因为比你们高一个年级，因为是过来人，就有资格告诉你们什么。相反，我敬佩你们，我为你们感到骄傲。我知道这一年来你们走得有多艰难，多用心。我敬佩你们为了梦想而无惧沉浮的勇气。我也曾和你们一样，曾经不知道未来在哪儿，不知道所做的能有什么意义。但是经过了一次高考，我想告诉你们，无论怎样，请你们一定要相信，所有有意义的东西，都要在不安定的徘徊中去找。一定要相信，现在所有的狂风暴雨，都是为了最后一刻的天朗气清。"这种设身处地的鼓励没有任何居高临下的感觉,让同学们听起来特别的舒服,受用。

西言,只要有心,只要用心,校园内外,处处都是我们激励学子的同盟军。

爱你的爸爸

77. 再小的公益都是情怀

西言：

　　相信你一定对衢州二中一年一度的艺术节、美食节念念不忘，一系列活动丰富着校园生活，更展现着二中学子的热情和智慧。爱玩，是每个人的天性；会玩，则是一个人能力的体现。在这些活动中，同学们自觉发起的一系列微公益行动，传递向善的正能量，成为校园里最温暖的风景。我仅以 2012 年 12 月 30 日那天看到的场景为例。

　　镜头一：美食节上的"爱心捐款"。热火朝天的美食节上，一个特殊的摊位吸引了不少师生驻足留意。这个摊位并不是为了出售美食，而是在为贫困山区孩子们筹集爱心捐款。这个爱心活动由高二（3）班兰骏同学发起，该班众多同学参与其中，积极策划，热心宣传。美食节当天，他们早早地就将宣传海报、募捐箱设置在了美食节场地的入口处，搭了一个简单的临时募捐处。为了保证活动顺利开展，他们班的同学们进行了明确细致的分工，有的同学用小喇叭吸引来往的师生；有的进行现场讲解，介绍活动的

活动现场

目的;有的负责用相机记录温馨的场景。在同学们的努力下,募捐箱一点一点重了起来,记录板上的总金额也被一次次地刷新。在全校师生的大力支持下,本次捐款最终募得六千余元。之后,这些捐款被捐给了贫困山区的孩子们。

镜头二:晚会现场门口的"诚信义卖"。元旦晚会前夕,高二年级的寝管龚大爷在收取学生电费时收到了一张百元假钞,收入微薄的龚大爷只好自掏腰包赔上这笔款项。高二(4)班的同学得知此事后深感不安,希望能做些什么弥补龚大爷的损失。晚会当天,朱敏琦同学采购来了一批荧光棒,在图书馆门前举办了一个"无人看护,自助找零"的诚信义卖活动。对活动背景进行了充分宣传后,义卖行动很快就得到了同学们的热情支持,他们自己投币找零,在奉献爱心的同时,也充分演绎了二中学子的诚信。晚会结束后,同学们将获得的103.7元收益亲手交给了寝管大爷,他们用自己的智慧和爱心温暖着所有人的心。

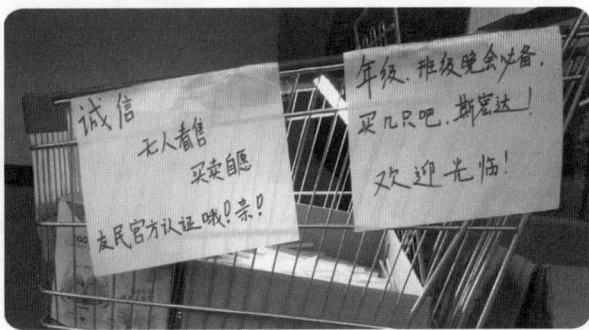

活动现场

镜头三:把口号转化为行动的"绿色团队"。"新笔芯,新精彩""心芯响应,将芯比心",这是衢州二中"空笔芯回收行动"的倡议。本次活动由高一(12)班和高一(1)班孩子共同发起。他们制作了绿色环保的"笔芯回收箱",发放给全校每个班级,号召全校同学将废旧笔芯集中在"笔芯回收箱"内。两个班共同组建的笔芯回收小组来负责回收。中性笔厂家"晨光"文具公司也被同学们的绿色低碳行动感染,不仅愿意回收处理所有收集到的空笔芯,还发起了空笔芯兑换新笔芯的绿色行动。更难能可贵的是,同学们将换回的新笔芯以二中的名义捐给了贫困山区的孩子们。同学们不仅用自己的行动实践着绿色低碳的口号,更把环保与爱心相连接,彰显着二中人的智慧。

类似的活动,每年都会在二中上演,至于何时开展,事先我往往不得而知。既可以是由某个班级发起的,也可以是某个社团组织的。比如每年都有学生自发地给后勤员工送去各种各样的祝福,有卡片、手套,也有袜子。有时学生会则自发组织,邀请不同岗位的校园临时工,为他们颁奖,送书法作品和鲜花。诸如此类,不胜枚举。

一个个毫不起眼的微公益活动,活跃在二中校园的每个角落,把暖暖的爱洒遍了二中的每个角落,让这座绿树掩映中的古朴校园散发着浓郁的人文气息。西言,你喜欢这样的活动吗?

爱你的爸爸

78. 再小的闪光点都是优点

西言：

在去食堂的路上，你每次都会在那块"寻找爱国敬业诚信友善二中人"的展板下驻足，看看是否又有新的面孔。的确，在二中，很多的活动都是常态化的，它们立足于平时的细水长流、潜移默化。

苏霍姆林斯基说："教育的意图越隐蔽，越能被受教育者所接受。"如何让社会主义核心价值观在校园落地生根，学生比较反感的是搞运动，策划各种这样那样的评比活动，搞大而虚不接地气的口号式宣传。表面上轰轰烈烈，实际上效果甚微。如何站在学生的立场上，用学生的视角看待问题，用学生愿意接受的方式开展活动呢？为此，我特设了一个"寻找爱国敬业诚信友善二中人"的信箱，借助全校同学的眼睛，用"放大镜"去寻找校园里同学们身边的人和事。通过核实之后，将该同学的事迹展现在全校同学必经之处的食堂门口，让更多的人知晓。

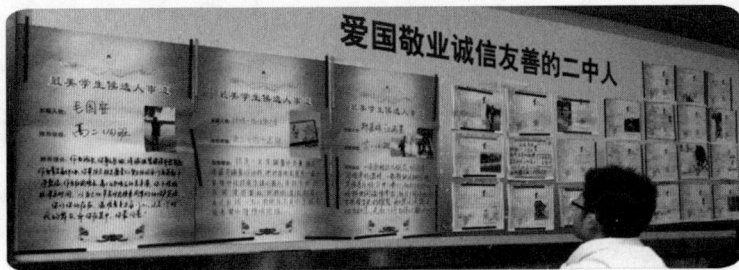

优秀人物展

优秀人物不应该是学校、班级可以刻意制造出来的，也不应该是拿来平均分配名额的。所以我的观点是，每个班级，没有人数的硬性指标，有几位推荐几位。没有时间的要求，本周有下周没有，或者本周好几位，都不是问题。有一次我收到了一封市民写给学校的感谢信，说的是她和年幼女儿在街上失散，幸得一位女同学悉心帮助的故事。只知道这位学生穿的是衢州二中的校服，希望能在学校集会上代为感谢。我曾多次和同学们说，走出二中门，每一位二中学生都是二中的名片，都是二中的形象大使，这样的契机，我岂能放过？我在全校周一集会上在宣读了这位市民的来信，当场号召全校同学一起来寻找这位可爱的二中人。没想到蓝雪婷这位可爱的女孩一下子就被同学们"揪"了出来。一位友善的二中人，就这样被我们"寻找"到了。我把蓝雪婷同学请上台，她的话给了我意外的惊喜。她说："我只是做了每一位二中学生应该做的事情，其实像我这样的学生，在二中校园里，还有很多。"果然，在接下去的一周里，我的"寻找爱国敬业诚信友善二中人"的信箱里，有了更多让我感动的人和事。就如洛克所强调的："最简明最有效最容易的做法是把人民应该做或者应该避免的事情的榜样，放在人们面前。没有什么事情，能够像榜样这样既温和又深刻地打入人们的心灵。"

类似的活动，没有时间的限制，最后由学生来定夺。不搞运动，不断问需于学生，问计于学生，因而总是很受学生的欢迎。比如我们开展"寻找校园里十大美景""寻找校园里最受学生欢迎的十大场所""寻找校园里最受学生关注的十大问题""寻找校园里那些最美的笑脸"等活动。

西言，希望你也成为一个满是闪光点的人。

爱你的爸爸

79. 再多的陪伴都是关怀

西言：

对学校里的青年教师，我是一直充满好感的。这是因为我觉得自己也是其中的一员，更为关键的是，青年教师是学校的未来和希望，有足够的理由给予重视。

我始终要求自己站在对方的立场考虑问题。如今的青年教师，既是学校里勇挑重担的中坚力量，同时也是家庭当中的顶梁柱，扮演着多重的角色。买房的压力，初为父母的艰辛，让他们疲于应对。在青年教师读书会上，共读一本关于亲子教育的好书《如何听孩子才肯说，如何说孩子才肯听》时，他们是有点惊讶的，因为我深深知道父母才是孩子永不退休的班主任。但在家庭教育的路上，却充斥着"无证驾驶"的家长。再优秀的教师，如果自己子女都教不好，他的内心肯定是愧疚的。让青年老师们多看看亲子教育方面的书籍，其实也是一举两得，因为亲子教育和学校教育的智慧是相通的，而且，我也不希望他们成为要求学生阅读自己反而不读书的老师。

我特别愿意充分发挥非正式表扬的力量，给予年轻老师以鼓励和肯定。在一年一度的"青年教师优质课展评"中，创纪录的有十九位老师参加，而我也没有闲下来，每节课都是认真聆听，虽然很多课并非我的专业，但是如果内行看门道，那么外行还是可以看看热闹的。我可以从课堂上师生互动、生生互动的反应来感受课堂质量。虽然数学我早忘光了，但是"你怎会想到，这位上课的姑娘在和学生徜徉在数学的海洋中？丰富的肢体语言，抑扬顿挫的语调，深入浅出的讲解。怎会想到，她也仅仅是工作一年多的新老师呢？灵动的课堂，总会让学生沉浸其中，而她，就叫陈灵"。虽然英语我听不懂，但"下午第一节，依然是英语课，并不妨碍我听课的热情，通过寻找教室里的笑脸，我知道姜露老师的课已经深深吸引了在场的师生"。而我的同事刘贯宇老师对学校年轻老师的点评更是一绝，对李胜、方贞夫妻俩的描写可谓入木三分："方贞，湖北咸宁人。李胜，湖北荆门人。他们同年来到衢州，现在已经有十多个年头了，孩子已经上小学，主要由方贞母亲照看。夫妇二人每天一大早就来到学校，两人教同一个班，李胜教语文，任班主任，方贞教数学。他们很晚才回家里。对他们来说，学校就是他们一生经营的小店，日出而作；而家更像是一个旅途中的客栈，日落还不得安眠。高一(17)班就是他们夫妇精心经营的小店，门口的红旗偶尔会随风飘扬。有一次副校长郑友民对我说，他很喜欢有才华的李胜，他写的'学林晨语'多好，字字动人，鼓舞学生！我说我喜欢方贞更多一点，李胜的才华即使横着流出来，也要乖乖地听方贞的打理，方贞让李胜的才华流向哪里，他就流向哪里！我说这话可是有根据的。某年某月某一天，李胜感叹说，方贞总是教训他做事要认真，要做就做最好的。他们的办公室就在教室的隔壁，座位挨着。据考证，所谓丈夫，一丈之内的男人也。工作累的时候，男人和女人深情相望，浑身的舒坦，大概是人生最美好的事情了。"而表扬起新老师来，也是特有的刘氏风格："曾亚平，1991 年生，湖南衡阳姑娘。东北师大硕士研究生，本科生时获得校长奖学金，研究生时获得国家奖学金。喜欢诗词，爱好音乐，熟悉各种编程软件，这对我来说就好像外星球的语言

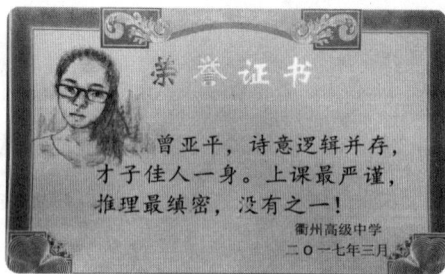

为新老师设计的创意奖状

了。她是这么多年我见过的上课最严谨、推理最缜密的青年教师，没有之一！明眸皓齿，清艳脱俗。得美人者得天下！胸怀大志的年轻人，还等什么呢？"至于老刘设计的新教师汇报课特色奖状，也只有他"发明"得出来，不仅文字幽默风趣，而且还让学生给每位老师画上了肖像呢！

我要求自己主动寻找为青年教师服务的机会。高三英语备课组长毛